이병철 삼성그룹 회장, 기록

또 하나의 가족

부자 氣 받기 시리즈 1

이병철 삼성그룹 회장, 기록
또 하나의 가족

2023년 2월 15일 초판인쇄
2023년 2월 20일 초판발행

저   자 : 이래호
펴낸이 : 신동설
펴낸곳 : 도서출판 청미디어

신고번호 : 제2020-000017호
신고연월일 : 2001년 8월 1일
주소 : 경기 하남시 조정대로 150, 508호 (덕풍동, 아이테코)
전화 : (031)792-6404, 6605
팩스 : (031)790-0775
E-mail : sds1557@hanmail.net

편   집 : 고명석
디자인 : 정인숙
표   지 : 여혜영
교   정 : 계영애
지   원 : 박흥배
마케팅 : 박경인

※ 잘못된 책은 교환해 드리겠습니다.
※ 본 도서를 이용한 드라마, 영화, E-Book 등 상업에 관련된 행위는
   출판사의 허락을 받으시기 바랍니다.

정가 : 15,000원
ISBN : 979-11-87861-59-1 (03330)

부자 氣 받기 시리즈 01

이병철 삼성그룹 회장, 기록

또 하나의 가족

이 래 호 지음

정신이 살아있는

청미디어
CHEONG MEDIA

기록과 흔적

부끄럽다, 정말 부끄럽다.
전문 지식도 없으면서
위대한 창업주에 대해
기록을 정리하는 것이….

두렵다, 정말 두렵다.
좁고, 깊이 없는 내용으로
위대한 기업인에 대해
기록을 남긴다는 것이….

사료(史料)로 인식되지 않을지라도
더 늦기 전에 기록으로 남겨놓고 싶었다.
언젠가, 누군가 반드시 해야 할 일이라 생각하기 때문이다.

훗날, 세 분의 창업주에 대한 기록이 필요할 때
필자의 기록이 참고자료라도 되었으면 좋겠다.
필자의 기록이 일부라도 인용이 되었으면 좋겠다.
그날을 위해 기록을 정리하여 남긴다.

이병철, 구인회, 조홍제 창업주 모두 경남 출신이다.
세 분 모두 첫 사업을 경남에서 시작하였다.
이런 관계로 인해
창원(마산), 진주, 함안, 의령에는 창업주 세 분의 흔적이 남아 있다.
이병철의 마산 협동정미소 터와 일출자동차 사업장, 진주 지수면 매형댁,
구인회의 진주 구인상회 터와 진주 수정동, 상봉동 고택,
조홍제의 함안 군북산업 터와 마산 육일공작소 터가 대표적이다.

기록과 흔적에 대해 자료의 공식적인 증명이 필요하다.
창업주 세 분의 '경남지행(慶南之行)'은
반드시 기억을 기록으로, 흔적을 유산으로 남겨야 한다.
더 늦기전에 누군가 반드시 해야 할 일이다.

2023년 2월
容河之室에서 이 래 호

추천서문

이래호(李來鎬) 박사 저
이병철 삼성(三星)그룹 창업주, 기록
구인회 LG그룹 창업주, 기록
조홍제 효성(曉星)그룹 창업주, 기록

내가 이래호(李來鎬) 박사를 처음 만난 것은, 2017년 2월 대학에서 정년퇴직한 직후 동방한학연구원(東方漢學研究院)에서였다. 중국문화기행을 기획하고 있는데, 전공자 교수로 참여해서 중국문화를 깊이 있게 이해하는 데 도움이 되어 달라는 것이 이박사의 요청이었다.

나도 중국문화에 관심이 많아 중국을 자주 다니던 터라 이박사의 제안을 흔쾌히 받아들여 실행에 옮기게 되었다. 그 이전에 그는 중국에 관한 모든 것을 취급하는 '차이나로 컨벤션'이라는 법인을 만들어, 한국과 중국 사이에 필요한 일을 할 준비를 해 두었다.

30, 40명을 한 팀으로 만들어 10여 차 중국 각지의 고적을 동행탐사하면서 이박사를 자주 접하였다. 이박사를 가까이서 자주 접하면서 그를 깊이 알게 되었고, 점점 대단한 사람이라는 인식을 갖게 되었다.

그는 지극히 근면성실하고 책임감이 강하고, 이해관계에 흔들리지 않는 사람이라는 것을 직접 목도하였다.

그는 젊은 시절 국내 30대 경제 규모의 거평그룹에 입사하여 회장 비서실 과장 등을 거쳐 중국 지사장 및 현지투자 법인장으로 8년 동안 중국에 체류하였다. 그 동안 개혁개방으로 고속성장하는 중국경제의 현장을 직접 체험하였다. 이후 미국, 일본에 체류하며 동서 세계에 대한 시야를 넓혔다.

그 뒤 국내로 돌아와 한양대학교 국제학대학원 박사과정에 들어가 정식으로 중국관계를 연구하여 국제학 박사학위를 받았다. 중국을 중심으로 한 국제관계의 전문가의 길로 들어섰다. 그 이후 인제대학교 중국학부, 창원대학교(昌原大學校)의 산학협력교수로 임명되어, 중국관계의 학문적인 전문지식을 후학들에게 전수하였다.

그 뒤 다시 경상남도 산하의 경남개발공사 관광사업본부장에 발탁되어 경남의 관광사업의 장기적인 기본설계를 하였다.

뜻한 바 있어 사직한 후에는 중국전문업체인 차이나로 컨벤션 회사를 만들어 중국과 한국의 가교역할을 전문적으로 할 준비를 했다.

경남에는 사실 관광사업을 할 만한 자원은 많은데, 아직 기본적인 청사진도 마련되지 못해 늘 답보상태에 있다. 이런 이유는 그 방면에 대한 전문적인 연구가 없기 때문이다.

이에 이박사는 기초부터 다시 시작해야 하겠다는 생각으로 경남의 문화, 관광 자원에 대한 기초연구를 철저히 하기 시작했다. 인문학 관광 자원으로 가치가 있는 경남 출신이면서 경남에서 기업을 태동하여 오늘날 세계적인 기업이 된 삼성(三星), 금성(金星 : 오늘날의 LG), 효성(曉星) 창업주에 대한 연구에서부터 출발하였다.

이박사는 타고난 탐구심과 분석력, 문장력을 가졌다. 그는 철저하게 현장조사하여 자료를 발굴하고, 철저하게 고증 분석하여, 사실을 하나 하나 밝혀나갔다. 조그마한 의문 하나를 해결하기 위하여 수십 차례의 답사나 면담도 마다하지 않았다. 이렇게 모은 자료를 바탕으로 자연스러우면서 이해가 잘 되는 문장으로 서술해 나갔다.

먼저 경남신문에 연재하였는데 많은 사람들의 호응을 크게 얻었다. 글을 읽어 본 사람들 대다수가, "이런 귀한 자료를 일회성으로 신문에 연재만 하지 말고, 책으로 엮어 내어 영구히 전하도록 해야 됩니다." 라고 출판을 권유하여 마침내 출판을 하게 되었다.

책 내용은, 이 세 분 창업주에 대해서 소문으로만 듣던 이야기를 현장에서 직접 발굴하고 많은 사람들의 증언을 보태어 정확한 역사 사실로서 완성하여 남긴 것이다. 그리고 내용이 흥미진진하고, 변화를 추구하며 써서 읽어 보면, 지루하지 않다. 단숨에 읽으면서 많은 지식이 기억이 잘 되게 되어 있어, 많은 사람들에게 크게 도움을 줄 것이다.

특히 자기 사업을 해 보겠다는 뜻을 가진 젊은이들에게 창업하여 성공하는 비결을 제시하고 있다고 확신한다. 무미건조한 경영관계 교과서보다 몇 배 더 효과가 있을 것이다.

필자는 경제학 전문가는 아니지만, 경제에 관심이 비교적 많다. 경제(經濟)나 경영(經營)이라는 말이 원래 유교경전(儒敎經典))에서 나왔다. 또 세 분의 창업주는 모두 유학자 집안의 자제들이다. 지금 우리나라에서는 일본 사람들의 왜곡된 교육으로 "유학이 나라를 망쳤다."고 생각하는 사람이 많다. 그러나 유학을 바르게 알고 잘 활용하면, 경제를 일으킬 수 있고, 더 나아가 나라를 일으킬 수도 있다.

퇴계(退溪) 이황(李滉) 선생의 선비정신이나 남명(南冥) 조식(曺植) 선생의 경의(敬義) 사상도 경제에 그대로 적용할 수 있다. 솔선수범하고 남을 배려하고 국가 민족을 생각하는 선비정신을 가지면, 경제계에서도 성공할 수 있다. 경(敬)으로 자신의 마음을 바로잡고, 의(義)로써 처신을 바르게 하면, 어떤 사업도 성공할 수 있다. 사악(邪惡)한 방법으로 일확천금(一攫千金)을 노리는 사람은 오래지 않아 실패한다. LG에서 회사의 경영원칙으로 삼은 정도경영(正道經營)도 유교의 원리에서 나왔다. 무슨 일이든지 정도(正道)로 하면 중간에 어려움을 겪을지라도 결과적으로 성공하고 승리한다.

이병철, 구인회, 조홍제 세 분 창업주의 유학에 바탕을 둔 경영방식은, 기업계에 좋은 기풍을 조성할 것으로 확신한다. 이 책을 통해서 이 세 분의 유학에 바탕을 둔 경영방식을 여러분들은 잘 배우기 바란다.

인쇄가 거의 다 되어갈 무렵에 이박사가 나에게 서문에 부탁해 왔다. 그간의 정의로 볼 때, 사양하기 어려웠다. 더구나 이박사는 필자의 동방한학연구원의 간사로서 많은 일을 맡아 나를 도우고 있는 상황이다. 나의 서문이 별 도움 될 것이 없겠지만, 이 세 분 창업주를 이해하고, 저자 이래호(李來鎬) 박사를 이해하는 데 도움이 될까 해서 몇 줄의 글을 써서 요청에 부응한다.

2023년 계묘년 정초(正初)에,
문학박사 동방한학연구원장 허권수(許捲洙) 경서(敬序).

許捲洙

내명자경 외단자의 : 남명(南冥) 조식(曺植) 선생의 글

글씨 : 실재 허권수 교수

뜻 : 경(敬)으로 자신의 마음을 바로잡고, 의(義)로써 처신을 바르게 하면 어떠한
　　 어려움도 극복하고 성공 할 수 있다

contents

2부 ··· 기억을 기록으로

부 록

- 호칭 : 이병철 = 이병철 사장 = 이병철 회장
- 학교명 : 00공립보통학교 = 00보통학교 = 00초등학교
  00고등보통학교 = 00고보 = 00고등학교
- 외국 인명, 지명, 학교명 : 원음과 한국명 표기로 혼용하였다.
- 실명의 경우 문맥상 존칭을 생략하거나 당시의 직책을 사용하였다.
- 전 직책과 현 직책의 직함을 문장 속에 적절하게 혼용하였다
- 토지, 쌀, 석, 섬, 원, 환 등 각종 단위는 당시의 것과 현재 사용하는 단위로 적절하게 혼용하였다.

1

또 하나의 가족
Another family

1 _ 일식·양식이 있는 의령

새로운 사업을 시작하면 두려움이 많이 생긴다.
실패에 대한 부정 생각보다 반드시 성공할 수 있다는
'긍정의 마음을 잃지 않는 것'이 중요하다.

참 좋은 시대다. 손가락 터치 몇 번으로 원하는 정보를 대부분 찾을 수 있다. 옛날 옛날에는 자연의 원리를 통해 밤하늘 별을 보고 동서남북을 찾아갔는데, 지금은 스마트폰만 있으면 전국 구석구석을 손쉽게 찾아간다.

관광지 소개는 감탄사, 형용사, 미사여구를 차용하여 설명하여도 그것은 글을 쓰는 사람이 보는 기준이다. 가장 좋은 여행, 가장 만족스러운 여행은 '백문이 불여일견'이다. 직접 가서 본인의 눈으로 보는 것이 최고의 여행이다. 음식의 최고 평가는 직접 먹어보는 것만이 유일한 방법이다. '백문이 불여일행'이다

1) 의령 여행의 시작

의령 이야기는 인터넷에도 소개되지 않고 관광 지도에도 잘 나오지 않는 몇 곳을 소개하면서 시작하고자 한다. 대동여지도를 비롯, 옛날

지도를 보면 의령은 영산, 삼가, 함안, 진주의 한가운데 있으면서 이들 모든 지역과 도로로 연결되어 있다. 이로 볼 때 조선시대까지만 해도 서부 경상도의 교통 요충지로 보인다.

이렇듯 의령은 외진 곳이 아닌데 심리적으로 오지처럼 느껴진다. 곳곳에 산이 많아 시원한 도로를 만나기가 쉽지 않다. 고속도로 나들목을 빠져나와도 군청까지는 10여분 이상을 가야만 한다. 고속도로에 '의령 나들목'이라는 이름도 없다. 남해고속도로를 이용하면 의령 가는 나들목이 있는데, 이곳은 함안 군북 지역이라 이름도 '군북 나들목'이다.

의도적 차별은 아니지만 의령군은 억울하다. 지하철역 이름에 대학교 이름이 들어가듯, 의령군에서 도로공사에 요청하여 별칭으로 '이병철 나들목', '삼성 나들목'이란 이름을 붙이면 더 많은 사람이 의령을 기억하지 않을까 상상해 본다.

의령군을 잘 표현한 글이 있다. '의령군지' 내용의 인용이다. "인물과 풍속을 알려면 모두 그 산천을 봐야 한다. 의령의 진산은 자굴산이고 큰 강은 정암강(남강)인데, 산천이 웅장하고 빼어나다. 의령의 고을 형세는 긴 강으로 둘러싸여 있고, 뒤로 높은 산을 등지고 있다. 큰 들판과 무성한 수풀은 남쪽 지방에서 경치가 으뜸으로서 다른 고을을 압도할 수 있는 기운이 있다"라고 하였다.

2) 의령 관문에 당당하게 서 있는 솥바위(정암)

남해고속도로 군북 나들목을 빠져나와 국도를 따라 북쪽으로 5분 정도 달리면 남강과 정암교에 이른다. 정암교의 남쪽이 함안 땅이고, 다리 건너 쪽이 바로 의령이다. 다리를 지나면 반드시 차를 세우고 내려서 보아야 하는 바위가 있다. 부자의 기(氣)를 주는 그 전설의 바위, 대한민국 국민이라면 누구나 한 번쯤 들어보았을 법한 국민 단어가 된 '솥바위 (정암)'이다. 큰 부자는 하늘이 준다면, 작은 부자는 노력만으로도 이루어진다는 표현이 있다. 솥바위는 노력하는 자에게 큰 힘을 주는 기(氣)가 있는 바위이다. 솥바위 이야기는 부록편에 별도로 정리하였다. 하지만 우리는 솥바위의 오래된 역사를 알아야 한다. 임진왜란 당시 의병 활동의 첫 승전한 전투가 벌어진 곳이 바로 이곳 정암진이다.

3) 의령에 가면 일식과 양식이 있다

여행엔 음식이 빠질 수 없다. 의령에 가면 일식(一食)과 양식(兩食)을 먹어야 한다. 음식 이름이 아니다. '일식이란 한 번의 간식을 먹는 것이고, 양식이란 두 번의 식사를 한다는 뜻이다.'

음식 이름 앞에 지역의 행정 이름이 붙어 전국 곳곳에 '의령소바', '의령한우국밥', '의령망개떡'의 간판을 볼 수 있다. 인구 3만이 되지 않는 곳에서 전국적 명성의 음식 이름이 3개나 탄생되었으니 무엇에 비교하랴. 의령에 가서 이 세 가지 음식을 먹어보지 않고 "의령을 보았노라"하면 실례다.

국수를 먹는 것은 장수(長壽)를 뜻한다. 메밀로 만든 의령소바는 영양도 풍부하여 무병장수를 뜻한다. 재미있는 놀이가 있다. 소바의 재료인 메밀로 만든 차를 유리컵에 따른 후 휴대한 스마트폰 플래시를 켜고 컵을 올려놓으면 순도 100의 황금색이 선명하게 보인다. 황금 물을 마시니 의령소바는 재물뿐 아니라 장수의 풍족함도 있는 음식이다.

의령한우국밥의 그 맛은 또 어떤가. 뜨거운 국물을 마시고 시원하다는 역설적 표현을 하는 대표 음식이다. 대통령도 다녀 가신 전국에 몇 곳 되지 않는 '대통령의 국밥'이다. 얼마나 당당함이 있어 한국의 식사문화를 대표하는 국밥에 의령이라는 이름을 붙였을까.

망개떡은 삼국시대 시집갈 때 싸갔던 정성이 있는 이바지 음식이다. 선유량(仙遺糧)이라 하여 신선이 먹는 음식이라고 불리기도 하니 더 설명이 필요할까. 작은 군 단위 지역의 명칭이 어떻게 음식 앞에 고유명사가 되어 전국에 알려졌을까 대단하기만 하다.

음식 경연도 지역 축제의 소재가 될 수 있다. 천하에 2명의 임금이 있을 수 없듯 '소국밥'의 명칭과 맛을 놓고 언젠가는 강 건너 '함안 소고기국밥'과 일합을 겨루었으면 한다. 두 곳의 국밥이 지역의 자존심을 아슬아슬하게 건드려 보면 오히려 전국의 국밥 미식가들의 순례지가 될 것 같은 생각이 든다.

의령에는 이병철 삼성그룹 창업주 외 역사적으로 훌륭한 인물이 많다. 홍의장군 곽재우, 독립운동가 백산 안희제의 기념관과 고택이 의연하게 자리 잡고 있다.

관광객 유치는 타 시·군에 없는 것이 있거나, 인위적이라도 이색적이거나 특이성이 있는 볼거리가 있어야 한다. 의령에도 숨어있는 국보급이 있다. '의령 큰 줄 당기기'는 세계문화유산에 등재된 농경문화 유산의 백미이다. 역사가 깊고 가치가 높아 의령 대표를 넘어 국가 대표 농경 축제로도 부족함이 없다. 그리고 또 하나, 크지도 않고 넓지도 않은 솥바위가 들려주는 이야기이다.

4) 부자 기 받기의 시작은 의령에서

경상도 부자 기 받기는 의령군 솥바위(정암)에서 시작하면 좋을 것 같다. 솥바위를 보고 부자 기운을 받는 느낌은 사람마다 차이가 조금 있다. 멀리서 보든 가까이서 보든 처음 보는 순간 솥바위가 세 개의 다리를 내리고 당당하게 서 있는 모습으로 보이면 무과(武科)형 성격이다.

처음 본 솥바위가 물 위에 떠 있는 형상으로 보이면 문과(文科)형 성격이다. 그러나 솥바위가 서 있는 모습과 물 위에 떠 있는 모습이 동시에 보이면 마음이 심란한 상태이니 정암루에 올라 자신을 향한 명상의 시간을 가지는 것도 좋은 처방인 것 같다. 솥바위에서 차로 10분 거리에 탑바위가 있다. 이 탑바위는 남강 물을 바라보며 모진 세월을 견뎌 내고 있어 인내의 기를 주는 곳이다. 의령방문 시 필수 견학 코스로 추천하고 싶다.

5) 의령의 또 다른 풍경 남강

필자가 추천하는 의령의 숨은 절경이 있다. 불양암 절벽 전망대이다. 탑바위 부근에 있어 찾는 것이 어렵지 않다. 여기서 남강의 물줄기와 의령과 함안 지역의 경계를 이루는 끝없는 백사장을 보라. 석양과 어울릴 때의 풍경은 의령이 가진 천하 절경이다. 수심 낮은 남강에 백사장의 퇴적 모래들이 올록볼록 용의 비늘처럼 쌓여 있는 풍경이다. 날씨와 남강 물의 양에 따라 쉽게 보여주지 않는 신비감이 있다.

눈으로 마음으로 기를 받았으면 의령에서는 먹는 음식으로도 기(氣)를 받아야 한다. 그래서 의령 여행은 반드시 오전에 의령에 도착하고 점심을 먹는다. 그리고 오후 일정을 다니다 간식으로 망개떡을 먹는다. 그리고 해가 지면 저녁 식사까지 한 번의 간식(일식)과 두 번의 식사(양식)를 하고 의령을 떠나야 좋은 기운을 듬뿍 받아가는 것이다.

의령 출신 삼성그룹 창업주 이병철도 유년과 청년시절 솥바위를 수없이 지나가고 또 보았을 것이다. 그때 어떤 생각을 하였을까. 궁금증을 해결하려 100년을 더듬어 본다.

의령에 가면 하나(일식)의 간식 의령망개떡과 두 번(양식)의 식사 의령소바와 의령한우국밥을 추천하고 싶다.
〈의령군청〉

2 __ 이병철의 서당 가는 길과 한학 공부

이병철 서당 가는 길을 걸어보자.
'사업을 하게 되면 무모한 과욕을 버리고,
자기 능력과 그 한계를 냉철하게 판단'하라고 한 의미를 깊게 생각해 보자.

　　의령에 와서 이병철 회장이 태어난 고택을 보고 난 후 대부분의 방문객은 귀가를 서두른다. 그 고택만큼 의미 있는 곳이 가까운 곳에 한 곳 더 있다.
　　이병철 회장의 어린시절 흔적을 상상하고 싶다면 꼭 이곳에 가보기를 추천한다.

1) 이병철의 서당 가는 길
　　'서당 가는 길'은 유년시절 이병철이 정곡 고택에서 집 앞 산 너머 문산정까지 걸어서 다녔던 길이다. 의령 읍내에서 국도를 따라가다 보면 이병철 생가 도착 1km 앞에 좌측을 보면 '문산사' 가는 표지가 있다. 그렇게 큰 표지도 아니고 도로와 맞닿아 있어도 넓지 않은 시골 산길 입구라 주의하지 않으면 그냥 지나쳐 버리는 경우가 많다.
　　이곳 입구에서 오솔길을 따라 10분 정도 걸어가면 계곡 시작 지점에 아담한 사찰 문산사가 있고 그 옆에 이병철의 할아버지 호, 문산을 붙여서 세운 문산정 서당이 있다. 이병철이 이곳에서 한학을 공부한 곳이다.

이 길은 7살의 이병철이 12살의 형 이병각과 함께 5년간 다녔던 길이다. 이병철의 회고록에 기록된 본문 내용과 부록 내용을 대조하면 약간의 차이가 있다. 본문에는 5살이 되면서 한학을 공부하였다고 하지만 부록에는 7살인 1916년부터 서당에 다녔다고 되어 있다.

7살의 이병철이 형과 함께 다녔던 문산정 가는 오솔길. 숲 터널 끝나는 곳에 탑과 문산정 담장이 보인다. 〈이래호〉

세월이 참 빠르다. 이병철이 서당에 다닌 지가 100년이 지났다. 가족과 함께 하든, 연인이 함께 걷든, 혹은 혼자서 걷더라도 '이병철의 서당 가는 길'은 세상에서 가장 느린 걸음으로 걷기를 추천한다. 마치 7살의 어린 이병철이 걸었던 것처럼. 어쩌면 이곳 오솔길은 주변의 풍경 때문에 느리게 가도록 만들어 줄 것 같기도 하다.

얼마 전, 이곳을 방문하던 중 갑자기 비가 내리자 함께 한 아내는 신발을 벗고 걸었다. 비를 맞는 시인, 비를 받는 시인, 비를 밟는 시인이 되었다.

문산정 가는 길
비가 오면
나의 두발에 원시적인 자유를 만들어 준다.

신발도, 양말도 벗어던지고
맨발로 흙을 밟는다.

비가 내리는 문산정 가는 길은
갓 돌 지난 아이 볼 살 같다.

나는 솜처럼, 구름처럼 걸어
숲길 끝에 있는 무지개를 찾는다.

아 아름다워라
비 맞은 오솔길 너머 문산정 풍경

아 좋아라
발바닥을 두드려 주는 솔나무 잎과 빨간 황토.

　도로는 차량 2대가 교차하기에는 약간 좁다. 알려지지 않은 탓인지 주차장도 없다. 필자는 '이병철의 서당 가는 길'이 소개된 후 행여 찾는 자가 많아 이 오솔길을 더 넓히고 흙길까지 도로포장이 될까 무척이나 두렵다.

2) 이병철이 한문을 배운 문산정
　이병철이 한문을 공부한 서당 문산정(文山亭)은 단일 건물로 단층 팔작 형태의 건축구조이다. 산속 입구라 전후좌우의 풍경이 고즈넉하여 고요함이 깊다. 작은 계곡의 물길이 문산정 정문 앞을 흐르고 있으

이병철이 형과 함께 공부한 서당 문산정. 〈이래호〉

며 이 사이를 아담한 돌다리가 연결하고 있다. 흙담으로 세워진 아늑한 풍경의 문산정 앞에서 명상의 시간을 가져보자. 어릴 적 이병철이 '하늘천, 따지' 천자문 읽는 모습을 상상해 보자. 명상의 시간을 가져보면 마음으로 몸으로 좋은 기운을 받지 않을까 하는 느낌이다. 이병철은 "어머니는 아침마다 천자문 책을 옆에 끼고 형과 함께 대문을 나서 서당가는 모습을 늘 지켜보았다."라고 가슴 뭉클한 글을 회고록에 남겼다. 이렇게 소중한 이병철 관련 유산이 있음에도 불구하고 의령군에서는 왜 관심을 주지 않았는지 조금 아쉽다.

서당 가는 길과 문산정 서당은 이병철의 흔적이 있는 곳이다. 이병철 고택 안내판에 '이병철 서당 가는 길 – 문산정 가는 오솔길'이라고 표기해 놓으면 어떨까 생각을 해본다. 더 나아가 월 1, 2회 정도 초등학생들이 스마트폰이나 전자게임에서 벗어나도록 천자문이나 논어를 가르치는 가칭 '이병철 서당'을 개설하여도 의미가 있을 것 같다.

3) 이병철의 한학 공부

이병철은 한일병합조약이 조인된 1910년 경상남도 의령군 정곡면 중교리에서 태어났다. 천석꾼 규모의 큰 농사를 하는 부유한 집안으로 2남 2녀의 막내이다.

이병철의 할아버지 이홍석(호는 문산, 1838~1897년)은 시문과 성리학에 능통한 유학자이다. 아버지 이찬우(1874~1957년)는 독립협회에도 관여한 개화적이고 선구적인 분이었다. 1916년부터 이병철은 형과 함께 이곳 문산정에 가서 천자문 등 한문을 배우기 시작하였다.

서당은 지방의 사립 초등교육기관의 한 곳이다. 신식학교인 초등보통학교가 많이 설립되지 않았던 시기인 조선말, 대한제국 시기 초등과정의 배움은 서당에서 한문 공부를 하는 것이 일반적이었다. 천자문에서 시작하여 논어나 자치통감 등으로 난이도가 높아진다.

이병철은 호암자전에서 "보통 3개월 정도를 필요로 하는 천자문 학습을 약 1년 정도 걸렸다. 그러나 진도는 비록 늦었지만 기업경영이나 힘든 과정에 늘 즐겨보는 '논어'의 인용은 서당에 다니는 동안 배움을 게을리 하지 않았기 때문"이라고 회고하였다.

이병철은 스스로 가장 많은 감동을 받고 필요로 한 책이 '논어'라 하였다. 정치인 김종필도 그의 증언록 '소이부답'에서 "본인 인생의 평생 가르침이 된 고전이 '동문선습'과 '논어'이다. 특히 논어 해설은 성인이 되고 정치인이 된 뒤에 수시로 읽어 본다"고 하였다. 설흔의 저서 '연암에게 글쓰기를 배우다'에 보면 어떻게 논어를 읽어야 하는지 잘 표현된 글이 있다. '논어를 천천히 읽어라. 외우려 하지 말고 음미하면서 생각하면서 읽어라' 하였다. 아마 이 표현의 뜻을 이병철은 이미 알고 있었으리라는 생각이 든다.

약 5년간 서당에서 공부를 한 이병철의 한학 실력과 즐겨하는 취미 중 하나인 서예도 이때 학습한 것이 중요한 밑받침이 된 것으로 생각된다. 이병철의 회고록 책표지 '호암자전'은 서예가 정하건 선생의 지도를 받아 완성한 친필 서체이다. 실사구시의 학풍을 추구하고 유교에서 말하는 이용후생을 실천한 조부의 영향으로 이병철도 한학 공부를 한 것은 당연하다고 하겠다.

4) 이병철의 형 이병각

5살 차이가 나는 동생 이병철을 데리고 함께 서당에서 공부한 형 이병각은 마산에서 무학양조장을 경영하였다. 진주와 관련된 이병철의 사업체는 현재 알려 진 것이 없다. 그러나 형 이병각은 해방 후 미군정 시기 진주 칠암동에 있는 밀가루 제조 공장인 '진주전분'이라는 공장을 불하받아 대주주로 기업경영을 한 기록은 있다. 그 후 이병각은 대한민국 사람이라면 한 개 이상은 먹어보았을 '쭈쭈바, 돼지바, 빵빠레'의 원조인 한국 최초 아이스크림을 자동 생산하는 삼강하드(현, 롯데푸드)를 경영하였다.

유명 연예인이 자녀를 출산한 국내 최초 여성 전문병원 제일산부인과를 개원한 제일병원장 이동희 박사가 이병각의 아들이다. 제일모직 공장설립에 주도적 역할을 한 후 공장장으로 퇴임하고 커피 전문회사인 동서식품 사장으로 재직하면서 세계 최초의 1회용 믹스커피를 개발한 함안 출신 함안조씨 대종친회장 조필제가 사위이다(이병철 편. 14회. 대구에서 제일모직 설립). 조필제의 아버지 조용갑은 사돈

인 이병각과 함께 1946년 마산에 있는 '무학양조장'을 각각 45%씩 지분을 인수하여 함께 경영한 적도 있다. '무학'이라는 회사 이름에 혹시 지금의 무학그룹과 연관이 있을까 몇 가지 자료를 더 찾아보았다.

경남지역을 대표하는 기업 중 하나가 무학그룹이다. 경남 경제계의 어르신이신 최위승 무학그룹 회장의 회고록 '포기는 없다'에 최위승의 청년시절과 이병철 제일제당 사장과의 관계가 잘 설명되어 있다(제일제당 밀껍질과 나의 첫 사업, 제일제당 대리점).

현재의 무학그룹 연혁은 1929년 설립된 주류회사 소화주류 공업사에서 출발하여 1946년에 주식회사 마산양조 공업사로 명칭이 변경되었고 1965년 최위승 대표이사가 취임하면서 상호를 '무학양조장'으로 변경하였다. 이병각의 무학양조장과 지금의 무학그룹 무학양조장으로 이어진 것인지 사실 관계의 분석은 하지 못하였다. 작년 가을 윤영호 한국 관광협회중앙회장께서 최위승 회장을 소개해 주어 진해 용원 골프장에서 인사를 드렸는데 경남 경제에 큰 기록을 남기고 2022년 6월에 작고하셨다.

5) 이병철의 서예 스승 정하건

이병철은 송천 정하건 서예가로부터 1978~1985년까지 1주일 1회, 약 7년간 가르침을 받았다. 서예 스승 정하건의 자전 대담집 '필묵도정'에서 "이병철 회장은 경청, 겸손, 공수래공수거, 인재제일, 성자필쇠 등의 글씨를 많이 적었다. 생신날에도 휴강하지 않고 수업을 받을 정도로 서예에 열정을 가졌다. 대강이나 대충이 없었고, 주

이병철 회장의 친필 호암자전.
〈호암재단〉

傾聽

丙寅春
湖巖

이병철 회장의 친필 경청. 〈호암재단〉

이병철 회장의 개인 메모지에 남긴 친필 펜글씨. 〈필묵도정〉

도면밀한 시간관리, 확고한 기업관을 갖고 계신 것을 느꼈다"라고 소개하였다. 농업협동조합에 많이 걸려 있는 '신토불이(身土不二)'가 정하건 서예가의 글씨이다. 이병철의 서예 친필이 한 경매업체에서 3천만원에 낙찰된 적도 있다.

3 __ 이병철과 지수초등학교

경험은 돈으로 구입할 수 없다.

왜 실패를 하였는지 반드시 분석을 해야 한다.

실패한 경험도 언젠가 소중한 경험으로 활용될 수 있다.

서당에서 한학을 공부하던 이병철이 12세가 되던 해 아버지는 서당 공부를 중단시키고 신식학교에 보내 신학문을 배우도록 결정하였다.

1920년대는 비교적 큰 면사무소 단위로 초등학교 과정을 가르치는 보통학교가 생겨나기 시작한 시기이다. 한학 공부를 중단하고 신식학교에 진학하기로 결심한 이병철은 어디로 진학할 것인가를 고민하였다.

1) 지수면 매형댁에서 지수보통학교 6개월 재학

당시 이병철의 집이 있는 정곡면에는 학교가 설립되지 않았다. 집에서 비교적 가까운 의령 읍내에는 1910년 개교된 의령 초등공립보통학교와 1921년 4월에 개교한 신반공립보통학교가 있었다. 하지만 정곡 집에서 의령 읍내 보통학교까지 왕복 50리길로, 걸어서 통학하는 것은 매우 먼 거리였다.

서부 경남에서 가장 큰 도시인 진주 시내에는 1895년에 개교한 지

이병철이 지수보통학교를 다니면서 생활한 진주시 지수면에 있는 매형 허순구 고택의 위치. 〈경남신문〉

금의 중앙초등학교를 비롯, 1908년 배영초등, 1910년 봉래초등, 1916년 정촌초등 등 몇 개의 학교가 개교한 상태였다. 하지만 초등학교 과정에 입학하는 아이는 부모의 보살핌도 필요한 나이인데 친척이나 형제가 없는 곳에서 홀로 학교에 다니는 것이 쉬운 일은 아니었다.

결국 선택할 수 있는 곳은 시집간 누나집(매형댁) 근처에 있는 1921년 5월 9일 개교한 진주의 지수보통학교였다. 이병철의 형제자매는 위로 형과 누나 두 명, 모두 2남 2녀이다. 둘째 누나 이분시(1901~1982년)가 지수면 출신 허순구(1903~1978년)와 1918년에 결혼하여 지수에 살고 있었던 것이다. 이병철은 시집간 누나집에서 학교를 다니기로 하고 13살이 되던 1922년 3월 지수보통학교 3학년 과정에 편입하여 처음으로 신식학교 교육을 받았다.

지금의 초등학교는 8세에 입학을 하고 13세이면 6학년 졸업반 나이가 된다. 하지만 당시의 시대를 이해할 필요가 있다. 1920~30년대는

학교 교육 정책이 확립되지 않은 시기이다. 초등학교 1학년에 15세 입학생이 있는가 하면, 농사를 짓다가 20세가 되어 신식학문을 배우러 온 경우도 있다. 심지어 결혼한 삼촌과 나이 어린 조카가 같은 학년으로 공부한 사례도 많이 있다.

서당에 다니던 이병철의 두발은 유교 집안의 전통 그대로 댕기머리였다. 그러나 당시 신식학교에 입학조건의 하나가 머리를 짧게 자르는 것이었다.

이병철 역시 서당에 갈 때마다 어머니가 손수 땋아 주셨던 긴 머리를 신식학교에 다니기 위해 지수에 있는 이발소에 가서 잘라버렸다. 1922년 신식학교인 지수보통학교 3학년이 된 이병철은 의령 중교리보다 큰 마을인 진주 지수면에서 생활과 지수보통학교 생활에 대해 매우 만족하게 보냈다. 그 소회를 이병철은 "공자는 동산에 올라 노나라가 작다고 했고, 태산에 올라 천하가 작다"라고 하였다.

2) 더 큰 도시 서울로 가서 공부하다

이병철은 지수초등학교 3학년 1학기를 마치고 방학을 이용하여 고향 중교리에 머물던 중 서울에서 내려온 재종형을 만났다. 재종형으로부터 서울 이야기를 들은 이병철은 서울로 가서 공부하기로 결심을 하고 서울 가회동 외가에서 멀지 않은 수송보통학교 3학년으로 전학을 갔다. 이병철의 연대기를 맞추어 보면 지수초등학교 재학은 3학년이었지만 수송공립보통학교에는 2학년으로 전학을 간 것으로 추정된다.

이병철의 지수초등학교 인연은 1922년 3월 3학년 편입부터 9월까지 약 6개월 정도 재학한 것이 전부이다. 이 시기 초등학교는 4년제이다. 이병철이 전학을 가지 않고 계속 다녔다면 지수면 출신 구인회

LG그룹 창업주와 함께 1924년
4월 지수초등학교 1회 졸업생
이 된다.

이병철이 태어난 의령 정곡
면 집 앞에도 1923년에 정곡공
립보통학교가 설립되었다. 이
병각(이병철의 형)의 딸 이경희
가 정확한 연대는 알 수 없지만
이곳에서 교사를 하였다는 기

1923년 의령 이병철의 생가 인근에 설립한 정곡공립보통학교.
1928년 졸업사진 풍경이다. 초등학생들이 모자를 쓰고 한복 두
루마기 복장을 하고 있다. 그리고 일본인 교사인 듯 제복에 긴 칼
을 소유하고 있는 것이 특이하다. 〈의령 정곡초등학교〉

록이 있다. 이병철이 1년만 늦게 보통학교에 진학하여 1923년에 개교
한 정곡공립보통학교에 입학을 하였다면 이병철의 사업 철학과 많은
사람과의 인연은 어떻게 흘렀을까? 만약 이병철이 서울로 전학을 가지
않고 농촌의 작은 마을에 있는 정곡공립보통학교에 다녔다면 이병철의
세상을 보는 시야는 어떻게 되었을까? 인연도 순간적이거나 계획적이
거나 운명적으로 만들어지기도 하고 때로는 비껴가기도 하는 것 같다.

3) 이병철 부인 대구 달성군 박두을 여사

이병철이 1926년 서울 중동중학교 본과에 입학할 때 17세로 경북
달성군 하빈면 묘동 마을에 살고 있는 박두을(1907~2000년)여사와
결혼하였다. 이곳에는 어린 '단종'의 복위를 추진하려다 숨진 조선 세
조 때의 박팽년, 성삼문, 이개, 유성원, 하위지, 유응부 등 '사육신' 위
패를 모신 '육신사'가 있다. 박두을 여사는 사육신 박팽년의 후손이다.

이병철의 회고록에는 4남 6녀의 자녀가 기록되어 있다. 대부분의
자녀들이 경남 의령과 대구에서 태어났다. 1929년생인 장녀 이인희,

1931년생인 장남 이맹희를 비롯하여 1933년생인 차남 이창희, 1935년 생으로 구인회의 셋째 아들 구자학과 결혼한 차녀 이숙희까지는 고향 의령에서 태어난 것으로 추측된다. 삼성그룹 회장을 역임한 3남 이건희는 1942년생으로 이 시기는 아버지 이병철이 대구에서 삼성상회를 경영하고 있었다. 이건희는 의령에서 태어나고 대구에서 유아기를 생활한 기록, 대구에서 태어나고 유아기 고향 의령에 잠시 생활을 하다가 다시 대구로 왔다는 기록 등이 있다.

박팽년 후손들의 집성촌인 달성군 하빈면 한옥마을에 가보면 지금도 박두을 여사 고택 부지가 있다. 이곳 고택 부지에는 '구전에 의하면 유년시절 여사의 관상을 본 한 스님이 왕비가 아니면 거부의 아내가 될 것이다'라고 쓰인 안내 표지판이 있다.

4) 이병철의 미래를 예측한 관상가

회고록 내용이다. 이병철이 서당에서 한자를 배우던 시기에 부친을 만나러 온 '심생'이라는 유명한 관상가가 있었다. 이병철이 노는 모습을 보고 "이 아이는 학문과는 거리가 먼 것 같소. 학문 외의 다른 분야에서 크게 이름을 떨칠 것이니 이 아이가 하는대로 지켜보시오." 특이하게 놀았던 모습을 관상가가 보고 평가를 한 것이다. 이병철이 대한민국 최고의 기업을 이루었으니 예언은 적중하였다. 이병철이 어릴 때 어떠한 행동으로 놀았는지 구체적 내용은 없어 단지 상상만 할 뿐이다.

의령 솥바위(정암)에서 다시 설명하겠지만 솥바위 사방 20리 안에서 대한민국 부자가 나온다는 예언을 한 도인이 있다(2부. 기억을 기록으로. 2회 이병철의 고향 의령 솥바위). 혹 이병철의 미래를 예측한 관상가 심생이 이 전설의 말을 한 분인지 여러 과정을 탐문해 보았지만 구체적이거나 사실적인 자료를 찾을 수 없었다.

5) 달성군 하빈 마을 출신 박준규 국회의장

박준규(1925~2014년)는 9선의 국회의원과 대한민국 헌정사에서 최초로 세 번이나 국회의장을 한 분으로 달성군 하빈면 출신이다. 이곳은 박팽년 후손이 대대로 살아온 곳으로 한옥마을이 예사롭지 않다. '육신사'가 있는 마을 입구부터 밝은 기운이 방문객을 맞이한다.

필자의 글재주로는 이렇게 아름다운 풍경을 표현할 방법이 달리 없으니 독자 여러분이 직접 가서 보고 판단하면 어떨까 생각한다.

이병철의 부인 박두을 여사는 박준규의 당고모이다. 당시 박준규의 아버지는 대구에서 손꼽히는 부자로 이병철이 대구에서 사업을 할 때 많은 도움을 주었다. 이병철의 장남 이맹희의 회고록 '묻어둔 이야기'에서 소개된 내용이다. "어머니 박두을 여사가 의령으로 시집을 와서 보니 네 아버지(이병철) 살림이 너무 적다"라고 하였다. 이병철 집안도 의령의 천석꾼인데, 이 살림을 보고 작다고 하였으니 달성군 하빈면 박씨 집안의 재력이 어느 정도인지 짐작할 수 있다.

6) 이병철의 매형 허순구와 진주 경제사

이병철의 누나 이분시와 결혼한 매형 허순구는 1922년 3월부터 그해 9월까지 지수초등학교 3학년인 처남 이병철을 데리고 함께 생활하였다. 허순구는 일반 대중에 많이 알려져 있지 않지만 걸어온 길을 보면 실로 엄청나다. 허순구의 외조부 조재학공은 대마

허순구가 경영한 진주 문성당백화점 관련 기사. 〈동아일보 1937년 8월 17일〉

허순구의 일대기와 국악보를
정리하여 출판한 서봉 국악보.

1954년 당시의 풍국주정 대표
명함. 대표취체역(代表取締役)
은 오늘날 대표이사라는 뜻이
다. 〈허순구 가족〉

도에 유배되어 서거하신 최익현선생의 문하생으로 유해를 우리 땅에 모셔 오신 분이다. 1919년 파리 평화회의에 전국 유림대표들의 명의로 파리장서를 보낸 분 중 한 분이다. 서울 장충단공원에 있는 독립유공자 비석에도 기록이 남아 있다.

허순구는 한국의 국악계는 물론 대구, 진주의 경제사를 비롯 삼성의 기업사, 한국 경제사에 빠트릴 수 없는 기록을 가진 분이다. 1925년 연희전문학교 수물과를 졸업하고 고향으로 돌아와 1927년 진주에 백화점의 효시인 '문성당백화점'을 운영하였다. 동아일보 1937년 8월 17일(제5736호) 5면에 허순구에 관한 기사가 실려있다. '진주 상업계에 있어 문성당의 존재야말로 진주의 이채이고 자랑일 것이다. 일반 고객에게 가장 저렴한 가격으로 가장 양호한 물품을 제공하여야 고객에게 절대 안심을 드리자 하는 것이 문성당의 점시(店是)이다.'

그 후 대구로 이사를 가서 처남 이병철과 함께 삼성그룹의 모태가 된 대구 삼성상회 설립을 주도하였다. '광업 및 제조업 사업체 명부'에는 허순구가 삼성상회 사장으로 기록되어 있다. 1941년 주식회사 삼성상회로 개편할 때에도 이병철과 함께 하였다. 1948년 이병철이 서울에서 삼성물산공사를 설립할 때에도 참여하였고 상임감사역을 맡았다. 그 후 6·25 전쟁 중인 1951년 부산에 설립한 삼성물산주식회사를 비롯, 제일제당, 제일모직 등 삼성계열사의 기업설립에 많은 역할을 하였다.

제일제당 설립때는 발기인으로 참여하여 10%의 인수주권을 가질 정도로 재력 있는 사업가였다. 1951년에는 이병철과 함께 풍국주정공업을 설립하였다.

1958년판 전국기업체 총람에 회사조합명은 풍국주정공업(주)이고, 목적은 주정, 소주, 청량음료 생산이며, 사장, 대표에는 허순구, 업종은 식료품제조업, 본점 주소는 경상북도 대구시 침산동 117-3으로 되어 있다. 1964년 6월부터 허순구의 아들 허병기가 경영하였다.

인생 후반부는 대구에서 국악 관련 '풍류방'을 운영하면서, 국악인들의 지원을 아끼지 않았다. 평생 소장한 국악기와 악보 자료를 국립국악원에 기증한 풍류가이자 문화 선각자로 한국의 국악 발전에 큰 족적을 남긴 분이다.

지금도 지수면 승산리에 가면 1922년 3월부터 9월까지 이병철이 생활한 매형 허순구의 집터가 그대로 보존되어 있다.

허순구의 장남 허병기(1918~1981년)는 다섯살 때 열세살의 외삼촌 이병철과 함께 6개월간 생활을 한 분이다. 제일모직 발기인 자료에도 이병철 25,000주, 조홍제 15,000주, 여상원 10,000주, 허정구 2,500주 허순구가 7,500주, 장남 허병기가 5,000주로 되어 있다. 허순구, 허병기 부자가 12,500주로 제일모직 3대 주주 이기도 하다. 허병기는 제일모직 상무취체역(상무이사)으로 근무하였는데 브랜드 '골든텍스'의 신화를 만든 주역으로 한국의 모직산업 선진화에 크게 기여하신 분이다. 그 후 동양악기를 창업하여 독립하였다.

차남 허병천(1937~)은 연세대학교 상대를 졸업한 국제 금융 전문가이다. 아버지 허순구와 외삼촌 이병철과 관련된 여러 가지 자료와 기억을 기록으로 도와주신 분으로 본문에 인용을 한 것이 많이 있다. 아버지 허순구의 기록물인 '서봉국악보'를 출판하셨다. 김우중 대우 그룹 회장과 대학 재학 시 옆자리에 앉아 함께 공부한 친구이다. 필자가 아버지 허순구와 허병천의 유년시절을 보낸 진주 대안동 고택을 찾아 드린 사연도 있다. 3남 허병하(1940~)는 서울대학교 상대를 졸업하고 자동차 생산용 로봇 자동조립 설비 전문기업으로 동종업계 세계적인 기술을 인정받고 있는 '우신시스템'을 경영하고 계신다.

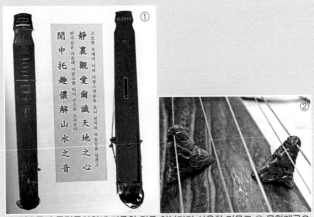

① 허순구가 국립국악원에 기증한 경주 최부자가 사용한 거문고 ② 문화재급으로 평가 받는 거문고 줄을 받쳐주는 안족. 〈국립국악원〉

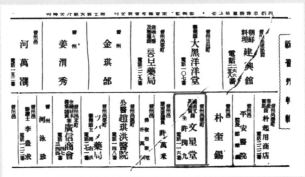

허순구의 문성당백화점 광고. 〈동아일보 1937년 8월 17일〉

4__ 이병철의 서울 유학, 일본 유학

어떠한 인생에도 낭비라는 것은 있을 수 없다.

헛되게 세월을 보낸다고 하더라도 무엇인가 남는 것이 있을 것이다.

문제는 헛되게 세월을 보내는 데 있는 것이 아니라

그것을 어떻게 받아들여 훗날 소중한 체험으로 그것을 살리느냐에 있다.

이병철은 지수보통학교에서 3학년 1학기를 공부한 후 더 넓은 세상에서 배우고자 1922년 9월 서울 수송공립보통학교 3학년으로 전학을 갔다. 이 시기 고향 의령 정곡면에는 정부 교육령에 따라 1923년 4월 개교를 위한 정곡공립보통학교 신축공사가 한창이었다. 6개월의 기간 차이로 인해 정곡공립보통학교는 세계적인 기업가가 다녔던 학교라는 인연은 아쉽게도 연결되지 않았다.

1) 서울에서 공부하다

수송보통학교는 서울 가회동에 있는데 이곳과 가까운 곳에 외가가 있어 이병철이 학교에 다니는 데 큰 어려움이 없었다. 이병철 회고록의 연대기를 중심으로 살펴보면 지수보통학교에는 3학년으로 다녔지만 서울 수송보통학교에 전학을 가면서 2학년부터 시작하였거나 혹은 중동학교 입학 및 재학연도가 조금 겹치는 부분이 있다. 관련 자료가

① 일제강점기 조선총독부가 발행한 초등학생용 산술(산수) 교과서 ② 해방 이후 미군정 시기 교과서 ③ 건국 이후 정부 발행 초등학교 4학년 산수 교과서 ④ 이병철과 구인회가 보통학교 3학년 때 배운것으로 추측되는 산수교과서, 숫자 외 일본어로 되어 있다. 시대별 교과서의 변화 과정을 알 수 있는 귀한 자료이다. 〈김영구 수학교과서 연구소〉

없어 미확인으로 남겨 둔 기록이다.

이병철은 호암자전에서 밝히기를 "서울에서 학교성적 중 산술성적은 학급에서 상위 점수를 받았고 그 외 다른 과목은 그다지 높지 않았다. 학급 석차도 50명 중 35등에서 오르내렸다." 하였다. 4학년이 되자 이병철은 보통학교에서 배울 것이 많지 않다고 생각하였다. 보통학교 과정을 단기간에 마칠 수 있는 속성과에 가서 공부할 결심을 하고 1925년 4월 중동학교 속성과에 편입하였다. 이 학교는 1년 만에 보통학교 고학년 과정을 공부하는 곳으로 여기를 수료해야만 중학부에 입학이 가능하였다.

2) 결혼, 그리고 일본 유학

속성과를 마친 이병철은 이듬해 1926년 4월 중동중학교 본과(5년제)에 입학을 하였다. 그러나 중동중학교 과정도 이병철에게 큰 기대를 주지 못하였는지 4학년까지 재학한 후 중퇴를 하였다. 한편 이병철은 중동중학교 재학 중 선친의 뜻에 따라 17세 때 결혼을 하였다. 당시에는 조혼의 풍습이 남아있던 시기이고 특히 유교 집안은 대부분

조혼을 거부하지 않았던 시기이기도 하다.

LG그룹 창업주 구인회의 경우 15세에 결혼을 하고 지수보통학교 2학년에 입학을 하였다. 효성그룹 창업주 조홍제도 16세에 결혼을 한 후 서울로 가서 초등학교 과정을 다녔다. 구인회의 장남 구자경도 17세인 1942년 진주중학교 재학중일 때 결혼을 하였다.

1929년 중동중학교 4학년을 중퇴하고 다시 고향에 내려온 이병철은 아버지에게 일본에 유학을 가겠다는 결심을 전하였다. 아버지는 "어떤 일이든 성급히 뛰어들지 말거라. 일을 무리하게 처리하려 해서는 안된다. 무슨 일이든 결국 옳은 이치대로 돌아가는 법이다." 사필귀정을 인용한 훈시를 강조하면서 일본 유학을 허락한다.

이병철 회고록에서 밝혔듯이 이병철의 학교 이력은 조금 특이하다. 지수보통학교, 수송보통학교, 중동중학교, 와세다대학 등 정규학교를 4곳이나 다녔지만 모두 전학이나 중퇴로 졸업장을 하나도 받지 못하였다.

3) 졸업장 없는 학업, 그리고 귀국

1930년 4월, 이병철은 일본 와세다대학 전문부 정경과(정치·경제)에 입학을 하였다.

자서전에서는 '지수보통학교, 중동중학교 등 학교를 전전하면서 착실하게 공부를 하지 못하였지만 일본에서 대학교 생활은 공부에 몰두하였다. 책도 많이 읽고 난생처음 진지하게 책과 사귀고 사색에 잠겼던 시기'라고 회고하였다.

그러나 이렇게 열심히 공부하던 이병철은 뜻하지 않게 각기병에 걸렸다. 휴학을 한 후 여러 가지 치료를 하지만 전혀 차도가 없었다. 결국 일본에서 치료도, 유학생활도 단념하고 1931년 9월 고향으로 돌아왔다. 와세다대학 2학년 중퇴이자 이병철에게는 마지막 학교생활이었다. 고향으로 돌아온 이병철은 중교리의 맑은 산수와 편안한 가정에서의 생활로 병도 치유되고 건강도 회복하였다.

앞으로 다시 무엇을 할 것인가를 고민하면서 친구를 만나거나 다른 도시를 견학하는 등 소일로 세월을 보냈다.

일본에서 종자를 가져와 고등채소를 재배하기도 하였다. 또 개량 돼지와 개량 닭도 들여와 키워 보았으나 사업이라고 이름을 붙이기에는 너무 단순한 취미 수준을 벗어나지 못한 체험으로서 막을 내린다.

1934년 10월 이병철은 20대 중반의 나이가 되자 무엇인가를 해야 한다는 강박증을 가지고 있었다. 관공서 관리가 될 것인가, 독립운동을 할 것인가 여러 가지 고민의 연속이었다. 식민지 시절에 관리자 생활을 하는 것은 떳떳하지 못하다고 생각하였다. 독립을 위해서 투쟁에 투신하는 것 못지않게 할 수 있는 것이 무엇이 있을까 고민도 하였다. 아울러 국민을 빈곤에서 구하는 일도 시급하다는 생각을 가져보았다.

마침내 본인 스스로 성격에 가장 알맞다고 판단한 '사업'에 나의 인생을 투신하자고 결심을 한다. 하지만 사업에 대한 결의를 굳혔던 당시, 이병철은 사업에 임하는 확고한 신념이나 소신 같은 것은 본인 스스로도 가지고 있지 않았다고 하였다. 사업을 추진하는 것도 일제강점기에서는 불평등하고 억압적인 통제 속에서 사회적인 제약이 많을 것이라는 것도 잘 알고 있었다.

이러한 환경에서 여러 가지 여건을 생각한 나머지 '그래도 사업을 하고 싶다, 사업에 도전해 보고 싶다, 그렇게 생각하였을 뿐'이라고 스스로 회고하였다.

"아버님 사업을 하겠습니다."

이제 이병철은 세계로 갑니다 라는 소리처럼 들린다.

4) 이건희와 중동학교 인연

이병철이 다녔던 중동학교는 1906년 4월 관립 한성한어학교로 출발하여 1919년 사립중동학교로 개칭하였다. 지금 중동고등학교의 전신이다. 이병철의 아들 이건희 삼성그룹 회장이 1994년 6월 아버지가 다녔던 중동중학교와 중동고등학교를 인수하였다.

117년의 역사를 자랑하는 중동고등학교는 삼성그룹의 지원으로 한국을 대표하는 명문 사학으로 성장하였다. 졸업생으로는 안호상, 윤치영, 양주동, 이희승을 비롯하여 소설가 김지하, 유홍준 교수, 탤런트 정동환, 이병헌, 정치인 김무성, 문국현을 비롯하여 오세훈 현 서울시장도 졸업생이다. 역사가 긴 만큼 졸업생의 구성도 다양하다.

훗날 이병철도 중동중학교에서 명예 졸업장을 받았다.

5) 부관연락선

'광막한 광야에 달리는 인생아~~'로 시작하는 '사의찬미' 노래를 불렀던 윤심덕이 현해탄(대한해협)에서 투신하였다. 이때 승선한 배가 관부연락선이다. 부관연락선이라는 표현도 많이 사용하고 있다.

1920~1930년대 일본을 가는 유일한 방법은 부산에서 배를 타고 시모노세키까지 가는것이 일반적이었다.

1905년 9월 25일 첫 취항한 부산과 시모노세키 간 왕복하는 배를 부관(관부)연락선이라 한다. '부관(釜關)'이라는 이름은 부산의 앞글자

(釜, 부)와 시모노세키(下關, 하관)의 뒷글자를 딴 것이다.

1929년 10월, 이병철은 부관연락선을 타고 일본으로 향하였다. 지금이야 부산에서 시모노세키까지 비행기로 1시간 만에 도착하는 가까운 거리지만 당시에는 11시간이나 소요되었다. 당시 한일강제병합 후 일본으로 가는 조선사람은 1920년대 후반에 15만명 정도였다. 일본으로 가는 목적은 이병철처럼 유학을 가거나 사업차 돈을 벌기 위해 가는 사람이 대부분이었다. 1936년에는 약 70만명이 부관연락선을 타고 일본에 갔다.

李炳注 代表長篇(上)
關釜連絡船

麗麗麟 苑

일제강점기 일본에 가려면 부산에서 시모노세키까지 가는 부관(관부)연락선을 타야만 하였다. 수십만명을 실어 나른 만큼 사연도 많다. 이러한 사연을 바탕으로 작가 이병주는 장편소설 관부연락선을 출간하였다. 〈부산역사문화대전〉

1968년 4월부터 약 2년간 중앙일보에서 발행한 월간중앙에 일제강점기 부산과 일본 시모노세키를 운항하던 연락선을 주제로 한 장편소설이 작가 이병주가 쓴 '관부연락선'이다.

6) 이병철의 중동학교 수학 선생 이상익

이병철은 1925년 4월 중동학교 속성과, 1926년 4월 중동중학교 본과에 입학을 하였다. 이병철은 학교성적 중 산술(산수) 과목은 학급에서 상위점수를 받았다고 회고록에서 밝혔다.

중동학교 재학 시기에 이병철에게 수학을 가르친 교사가 '근세산술(산수)'을 집필한 이상익 선생이다. 이상익은 네덜란드 헤이그 특사 이상설의 동생이다.

1907년 6월 15일, 고종은 네덜란드 헤이그에서 열린 만국평화회의에 을사늑약과 일본침략의 부당함을 호소하기 위하여 세 분의 특사를 보냈다. 그중 한 분이 독립운동가 이상설 선생으로 독립운동가이기도 하지만 교육자, 수학자이기도 하다. 이상설 선생은 근대수학을 정리한 '수리'와 '산술신서'를 저술하였다. 이상설 선생의 증손은 "이병철이 학창시절 수학과 과학을 잘하였다는 이야기를 집안 어른으로부터 들었다. 그리고 이병철의 수학적, 과학적 사고에 기반하여 미래를 바라보는 지혜로움이 삼성을 세계적 기업으로 이끈 원동력이 되었을 것"이라고 언급한 이야기도 있다.

5__ 이병철의 첫 사업,
마산에서 정미소 운영

어떤 사업이건 실패의 위험은 늘 발생한다.
가장 위험한 실패의 위험은 처음부터 실패의 여지가 있다는 불안을 안고
사업을 시작하는 것이다.
100% 자신이 없으면 처음부터 하지 말아야 한다.

"아버님 사업을 하겠습니다."

"사업에 좌우되지 말고 사업을 좌우하라."

이 16자로 조합된 이병철 아버지의 말씀이 이병철로 하여금 세계의
경제인으로 만든 근본이 아닐까 하는 생각이 든다.

호암자전에 이병철의 창업관이 무엇인가를 예측하게 하는 내용이
있다.

"사업은 한 개인이 제 아무리 부유해도 사회 전체가 빈곤하면 그 개인
의 행복은 보장받지 못한다. 사회를 이롭게 하는 것, 그것이 사업이다."

1) 사업을 하자, 무엇을 할 것인가

1934년 10월, 아버지로부터 3백석 정도 수확하는 땅을 받은 이병철
은 서울을 비롯 대구, 부산, 평양 등 여러 도시를 다니면서 사업 대상

을 찾아다녔다. 하지만 본인이 준비한 자금으로 큰 도시에 진출하기
에는 부족함을 느꼈다. 결국은 고향 의령과 가까우면서 당시 큰 도시
인 마산을 후보지로 선택하였다.

1899년에 개항한 마산항은 1910년 12월부터 1945년 해방까지 일본
병참기지 수탈물자, 전쟁물자의 적출항이었다. 또한 경남 일대의 농수
산물 집산지이기도 하였다. 수백만석의 쌀이 마산항에 모였다가 일본
으로 송출되는 등 물자와 돈, 사람의 움직임이 제법 큰 항구도시였다.

일제강점기 식민지 산업정책으로 공출을 위하여 농토와 쌀 생산이
많은 남쪽에는 식량 증산이나 경공업 중심 관련 경제정책이 펼쳐졌
다. 당시 마산에는 쌀을 도정하는 정미소 중 제법 큰 규모는 모두 일
본인이 운영하고 있었다. 한국인이 운영하는 정미소는 도정 능력이나
시설이 열악하였다.

2) 첫 번째 사업, 마산에서 협동정미소를 운영

이병철은 첫 사업을 위한 시장조
사를 아주 철저히 분석하였다. 여
러 항목 중 최종 선택한 것이 정미
소 사업이다. 규모를 크게 하면 일
본정미소와 경쟁을 하여도 뒤처지
지 않을 자신이 있었다. 하지만 이
병철이 땅을 처분하여 현금으로 준

이병철의 첫 사업은 협동정미소이다. 이 터
가 있었던 곳으로 추정되는 현재의 마산 회
원천 다리 주변. 〈이래호〉

비한 창업자금 1만원으로 원하는 규모의 정미소를 운영할 수 없었다.
이병철은 두 사람의 지인에게 공동사업을 제안하였다. 세 사람이 각
자 1만원씩 출자하여 마침내 1936년 3월, 자본금 3만원으로 지금의

창원시 북마산거리에 정미소를 설립하였다.

그렇게 이병철은 스물여섯살에 생애 첫 사업을 시작하였다. 현재의 기준으로 보면 대학을 갓 졸업한 나이의 청년 창업가였다. 1936년은 베를린 올림픽에 참가한 손기정 선수가 마라톤 우승을 한 해이기도 하다. 이병철도 사업은 마라톤처럼 멀리 내다보고 꾸준하게 해야 한다는 것을 느꼈을 것이다. 사업보국을 통한 미래의 꿈도 더 굳세게 가졌을 것이다.

창업 시작 1년은 누구보다 열심히 일하였지만 경험부족, 도정사업 내용 이해부족 등으로 자본금의 절반 이상을 손해 보았다. 스스로 실패를 인정하였다.

그러나 이병철은 첫 사업이라는 상징성 때문에 포기하지 않았다. 실패의 원인을 분석해 보니 장사의 원리를 미처 이해하지 못한 것과 시장조사를 게을리한 것이 가장 큰 이유였다. 이렇게 실패의 원인을 면밀히 검토한 후 문제점을 보완한 이병철은 다음 결산에서는 보란 듯이 작년도의 손해를 만회하고 이익을 창출하였다.

3) 삼성그룹의 시작은 마산이다

이병철은 1936년 3월부터 1937년 9월까지 1년 6개월 정도 북마산에서 협동정미소를 운영하였다. 북마산이라는 명칭은 마산시의 도심 북쪽으로 1923년에 북마산역이 생기면서 이 지역 명칭이 자연스레 북마산으로 굳어졌다.

세계적인 기업이 된 삼성그룹 창업주의 첫 사업지는 그 상징성의 가치가 매우 높다. 필자는 협동정미소에 대한 티끌 같은 기억의 증언, 문서 검증, 전문가 및 학자 의견 등 여러 가지 방법을 통하여 정미소 터를 찾아보았다. 현장 검증에 도움을 준 95세 되는 분도 85년 전 아버지가 방앗간을 갈 때 따라 간 기억은 나지만 정확하게 그 장소를 기억하지는 못하였다. 그러나 증언자의 기록, 관계되는 유사한 문서 등의 분석 결과 2~3곳이 협동정미소 터로 의견이 근접하고 있지만 설득력은 다소 미흡하다.

회고록에 등장하는 이병철과 정미소 동업을 한 정현용과 박정원 두 분 이름만 가지고 고향인 합천의 집성촌을 찾아 탐문도 해보았다. 합천에 생존하고 계시는 원로분의 기억으로 얻을 수 있는 기록이 없었다. 증언 내용의 대부분이 1930년대 당시 20대 젊은이가 정미소를 운영하는 것에 아무도 관심을 주지 않았다. 그래서인지 증언의 내용은 대부분 ' ~ 카더라, 했다더라'에 제한되어 있다.

일제강점기 기업 자료인 '조선기업요람'에도 기록되지 않은 것도 협동정미소가 주식회사와 같은 법인이 아니기 때문으로 추측된다.

1911년 마산에 전기가 들어온 후 전기를 사용한 기계화 정미소는 1930년경 약 27개가 있었다. 마산 향토 역사자료에는 최초의 마산 법인 정미소는 1937년 지금의 남성동에 '손형업'이 설립한 '흥업정미소'로 되어있다. 김영삼 정부때부터 한국의 기록문화가 조금씩 정착되어 갔다. 이병철의 첫 사업장과 관련된 기록을 정리하기에는 늦은 감이 있다. 더 이상 진도가 나가지 않는 것도 자료 부족의 이유가 될 것 같다. 그러나 더 큰 문제는 무관심이라 생각이 든다. 기회가 되면 새로운 방법으로 접근하여 이병철이 첫 사업을 한 협동정미소 터를 찾겠다는 결심에는 변함이 없다.

4) 찾아야 할 경제유산, 마산 협동정미소 터

지역 역사학자가 추천하는 3곳은 아직 문서로 증명할 수 없어 결과를 확정하지 못하고 있다. 그러나 기초적인 자료라도 공유하는 측면에서 여기에 기록을 남긴다.

여러 가지 자료를 통해 추측해 보면 도정을 하는 정미소 터와 부속 건물, 그리고 북마산역을 통해 대량 유입되는 곡물을 저장하는 대형 창고가 있는 야적장 등 협동정미소는 두 곳의 공간을 사용한 것으로 추측된다. 이곳 주변 네 곳의 정미소 터 주소를 확보하여 최종 확인을 위한 문서증명을 신청하였지만 개인정보 공개 불가 때문에 어려움이 많다.

100년이 되어 가는 사회적 자산이 될 경제, 문화 자료에도 개인정보 보호법이 적용되니 필자는 아쉬움이 많이 남는다. 시청, 관광기관, 경제기관, 대학 등 공공기관에서 조금만 관심을 가져주면 요즘 같은 정보화 세상에 세계적인 기업가의 첫 사업장인 이병철의 협동정미소 터를 찾을 수 있지 않을까 하는 기대감을 가져본다. '흔적을 사실로, 사실은 유산으로, 기억은 기록으로, 기록은 인정으로' 되려면 결국 문서

전 북마산역과 창신학교 터를 중심으로 1936년 이병철이 정미소 사업을 한 곳으로 추정하고 있다. 이곳은 1923년에 북마산역이 개통되면서 교통과 물자 운송이 편리한 지역이었다. 〈경남신문〉

나 사진의 증명이 필요하다. 사람을 통한 기억으로 찾는 것은 이제 어려울 것 같다.

대구에 있는 이병철이 경영하였던 삼성상회 터에 한국인은 물론 외국인도 끊임없이 방문을 하고 있다. 이른바 '삼성의 원조는 마산 협동정미소'인데 주목을 받지 못하는 것이 아쉽고 안타깝다.

요즘은 무명시절 작품을 쓰기 위하여 1개월 머문 곳도 그 흔적을 중요시 여겨 작가가 머문 집이라는 이름으로 지정하여 보존하고 있다. 마산 협동정미소는 세계적 기업이 된 삼성의 뿌리이다. 반드시 찾아서 흔적과 기록을 남겨야 한다고 생각한다. 마산 경제사의 자존심이 아니라 한국 경제사의 자존심이다.

늦었다고 포기하거나 중단하지 않고 출발하면 그것이 가장 빠른 출발이라고 한다. 벌써 87년이 훨씬 지났다. 시간이 흐를수록 찾는 것이 어려울 수 가 있다. 협동정미소를 반드시 찾아서 이곳을 찾는 방문객에게 복주머니에 쌀 한 줌을 기념품으로 넣어서 삼성의 부자 기를 받을 수 있도록 하는 날이 올 것이라 기대한다.

현재 지역학자와 마산 역사전문가, 교수, 기업인은 환금프라자(창원시 회원동 429-1)를 유력하게 지목하고 있지만 문서로 증명을 하지 못하고 있다. 폐쇄등기부 등본에 기록된 내용과 누구에게나 열람이나 발급이 가능한 건축물 등본의 내용을 훗날 협동정미소 터를 찾기 위한 기초자료가 될까 하여 자료를 보관하고 있다.

이 자료로 볼 때 환금프라자 터는 1973년에 새로 건축되면서 그 이전의 흔적은 없어졌다. 신축 전 정미소 형태의 건물을 기억하는 지역 원로도 계시지만 확실하지는 않다는 조건부 표현이다. 1973년 이전의 건축물 대장이 없어 추적은 불가능하다.

마산은 물자의 집산지 항구도시 답게 교통환경도 매우 좋았다. ① 1905년 개통된 마산역 ② 1910년 개통된 구마산역 ③ 1925년 개통된 북마산역 ④ 지금의 마산역 전경

5) 쿠바에서 모히토 한 잔을

기업의 탄생과 성장 과정은 매우 흥미로운 이야기이다. 1955년 4월 미국 일리노이주 한 마을에서 개점한 햄버거 가게가 세계적 기업이 될 줄 아무도 몰랐다. 그곳 맥도널드 1호점이 미국 역사의 한 부분을 차지하는 박물관이 되었다. 관광객의 발길이 끊이지 않는 곳이다.

'노인과 바다'의 저자 '헤밍웨이'가 쿠바에서 머문 호텔과 모히토 한 잔을 시켜놓고 바다를 바라보았던 카페가 있다. 헤밍웨이가 앉았던 테이블에서 그때의 흔적을 확인하고 싶어 지구촌 곳곳에서 방문객이 찾아가고 있다.

이병철의 정미소 터 외 일제강점기 진주시에 거대한 자본과 조직으로 설립한 미나카이(三中井)백화점 터, 진주 최초로 개인이 운영한 이병철의 매형 허순구의 문성당백화점 터, LG그룹 구인회의 진주 포목상점 터와 고택, 구인회의 운수사업장 차고지 터, 효성그룹 조홍제의 마산 철 가공사업체 육일공작소 터도 함께 찾아야 할 가치가 있는 자산이다.

6) 300석의 현재 가치

300석분이란 1년에 쌀 300석(섬)을 수확하는 규모의 땅이다. 현재의 화폐가치로 환산하는 것도 쉽지 않다. 다만 다른 물건 값이나 직장인 월급과 비교하여 간접적으로 추측해 볼 수 있다.

1930년대는 20만평 논에 쌀이 연간 1천석이 수확되던 시기이다. 300석을 수확하려면 약 6만6천평 논이 필요하다. 논 한평 가격이 25전으로 한마지 200평은 50원이다. 300석은 당시 돈으로 약 16,500원이 된다. 이병철의 첫 사업자금 10,000원의 가치를 짐작할 수 있다.

당시의 물가 가격을 오늘날의 가격과 비교하면 그때의 투자금액을 추측할 수 있을 것 같다. 자료에 따라 약간의 차이가 있을 수 있다. 또 하나의 방법은 한국은행 홈페이지 화폐가치 추정 프로그램을 인용하여 계산하면 추정할 수 있다. 1926년 신문구독료 월 1원, 서울~인천 구간 버스요금 95전, 일반여관 숙박비 40전~2원을 하였다. 1930년 쌀 80kg 13원, 1석(섬) 160kg은 26원이었다.

1940년에 쌀 1석(섬) 가격은 23원이었다. 1935년 금 3.75g은 9원이었다. 2020년 금 1g은 67,000원이다. 1940년 마산에 있는 금융조합 월급은 21원이었다

7) 천석꾼, 만석꾼

해방전까지 부자의 호칭은 천석꾼, 만석꾼이라 불렀다. 만석꾼이란 쌀 1만석(섬)을 거둬들이는 큰 부자이다. 성인 한 사람이 1년 동안 소

비하는 쌀의 양을 쌀 1석 혹은 쌀 1섬이라 한다. 일반적으로 쌀 1되는 1.6kg이고 10되를 1말이라 하며 16kg이다. 1가마니는 5말로 80kg이고, 쌀 1섬은 160kg 정도 된다.

10,000석(섬)은 1,600,000kg이다. 참고로 2023년 현재 쌀 10kg 소비자 가격은 평균 30,000원 정도이다. 산업경제가 없던 시절 토지자산을 활용한 생산경제 소득이 있을 때 만석꾼의 소득이 얼마정도 되는지 짐작이 갈 것이다. 천석군, 만석군 표현은 천석꾼, 만석꾼의 비표준어이다.

〈화폐 개혁〉

이 책에서는 원, 환 등 화폐단위도 다르게 나온다.

한국정부는 1950년 한국은행 설립 후 1962년까지 3번의 화폐개혁을 하였는데 이것이 곧 한국 경제 현장의 역사이기도 하다.

1, 2차 화폐개혁이 한국 전쟁으로 인한 인플레이션에 대처하기 위한 조치라면 1962년 6월 10일 실시한 3차 화폐개혁은 5·16 혁명 후 국가재건최고회의가 국민들의 소득과 생활 환경의 변화를 위하고 또한 건전한 경제질서를 확립하여 경제개발 5개년 계획의 수립과 실행을 위함이었다.

1953년 2월 15일 100원을 1환으로 화폐개혁을 하였다. 1962년 6월 9일부터 10환을 1원으로 다시 화폐개혁을 하였다. 따라서 1953년 2월부터 1962년 6월까지는 모두 환으로 표기된다. 1953년 설탕 1근 가격은 100환 이었다. 1955년 제일모직 직원의 월급은 20,000환이었다.

6 __ 이병철의 도전

사업은 반드시 시기와 정세에 맞추어야 한다.
따라서 경영자는 국내외 정세의 변동을 적확하게 통찰하여야 한다.

1899년 개항된 마산항은 물자의 교역이 많았다. 자연스레 일본인의 숫자도 늘어났다. 1910년 마산 거주 일본인은 약 6천명으로 마산 인구의 절반정도였다. 1915년에는 마산 인구도 15,545명으로 증가하였다. 물자의 교역도 비례하여 증가하였다. 그러나 늘어난 경제규모에 비해 경남을 비롯 전국으로 배송되는 운송수단은 충분하게 발달하지 못하였다. 따라서 화물 운송에 많이 쓰이는 트럭의 경우 그 운임이 매우 비쌌다. 이병철은 정미소 사업의 쌀을 운송하는 것 외에 독립된 운송업을 추진하는 것도 좋은 사업 아이템이 될 것으로 판단하였다.

1) 두 번째 사업, 일출자동차 운수업

정미소 사업이 안정적으로 정착되자 이병철은 다음 사업으로 정미소의 쌀을 운반할 수 있는 운송회사를 생각하였다. 훗날 무역업이 잘되자 직접 제조하는 제당 사업을 검토하였고, 이를 실행하였다. 이병철의 기업경영 방향은 시대에 필요한 제품을 생산, 개발하거나 몇 년 후를 예측하는 창업형 경영 형태를 취하면서 한 걸음 한 걸음 사업을 확장해 나갔다.

1936년 8월, 이병철은 본격적으로 운수사업에 뛰어들기 위하여 일본인이 경영하던 일출자동차의 화물차 20대를 인수하였다. 당시의 화물 자동차 한 대의 값은 엄청난 고가였다. 두 번째 사업으로 선택한 운수사업은 1899년 마산항 개항 이후 물자의 교역은 많았지만 항구에서 경남을 비롯하여 전국으로 배송되는 운송수단은 충분하지 못한 것에 착안하였다.

마산 협동정미소의 쌀 운송 지원업무 외에도 트럭을 이용해 전국으로 배송되는 독립된 운수사업을 추진하는 것도 사업의 좋은 방향이 될 것으로 판단하였다. 예상대로 마산항은 화물 집산지로 하역 물품이 많아 운수업은 조기에 정착하였다. 운수사업에서도 적지 않은 현금 자본을 축적할 수 있었다.

그 당시 이병철이 경영하는 정미소와 자동차 사업장에는 특이한 경영 방식이 도입되었다. 50여 명의 직원이 무질서하게 일하는 것을 보고 개인이 구체적으로 해야 할 업무 분담을 세분화하였다. A 직원은 도정이 끝난 쌀 무게만 달게 하고, B 직원은 사무실에서 물건이 나가고 돈이 들어오는 전표업무만 전담하게 하였다. C 직원은 무게 측정이 끝난 쌀 가마니 포장과 반출 업무만 보게 하는 등 분업 시스템을 도입한 것이다.

자신이 맡은 일에 대해 숙련과 전문성을 가지도록 함과 동시에 스스로 책임지게 하는 제도를 도입한 것이다. 이러한 분업 시스템 제도는 훗날 삼성그룹의 경영 시스템 중 하나로 자리 잡는다.

우리나라에 처음으로 화물자동차가 도입된 것은 1926년이다. 마산은 1930년 이후로 보고 있다. 이 시기 마산 남성동에 영업소를 차리고 마루낑, 마루이찌 등 일본인이 운영하는 운송회사는 총 36대의 화물차를 보유하고 있었다. 1939년부터 일본 정부는 트럭의 경우 유사시 전시동원령에 대비하여, 차출이 쉽게 되도록 합병하여 1개만 운영하도록 지시하였다. 뿐만 아니라 휘발유도 배급제로 실시하였다. 중·일 전쟁 등 계속된 일본의 전쟁 참여로 1940년부터는 눈물만큼 주던 휘발유 배급도 중단시켜 버리자 나무를 태워 운행하는 목탄차가 나오게 되었다. LG그룹 구인회가 실패한 사업 중 하나도 목탄차를 이용한 운수사업이었다.

2) 세 번째 사업, 경남부동산 경영

1936년 9월, 정미소 사업과 자동차 운수사업에 이어 세 번째 진행한 사업은 토지 매입이었다. 자동차 사업과 동시에 시행한 사업이기도 하다. 정미소 사업과 운수업, 토지업 등 소규모이지만 계열 기업이 형성되었다.

정미소 사업과 쌀 거래 등을 통해 땅값의 동향에도 관심을 가지고 있어서 자연스레 토지가격에 대해 잘 알고 있었다. 당시에는 논 한 평이 25전으로 한 마지기 200평이 50원 하던 때였다. 김해평야를 비롯 경남 일대 토지를 매입하여 1937년 6월에는 연 수확 1만석이 가능한 약 200만평의 논을 소유하게 되었다. 호사다마일까. 1937년 7월, 일본의 중국 노구교 사건으로 시작된 중·일 전쟁이 확대되면서 일본 정부는 비상조치로 모든 은행 대출을 중단하였다.

이렇게 되자 토지 구입하기도 힘들어지고 전쟁으로 인한 어수선한

이병철, 구인회가 사업자금을 대출받은 곳은 조선식산은행이다. 조선식산은행은 1918년 설립된 조선총독부 산하 최대 정책금융기관이었다. 해방이 되자 한국식산은행으로 운영되다가 1954년 한국산업은행으로 개정되었다. 사진은 1947년 3월 한국식산은행 대전지점에서 발행한 통장이다. 일본어로 기록된 조선식산은행 통장을 그대로 사용한 것으로 보아 해방 이후 한국정부의 금융업은 이때까지 정착되지 않은 것으로 보여진다. 〈김진경〉

분위기 등으로 토지 시세가 하루가 다르게 폭락하는 일대 혼란이 발생하였다. 이병철은 사태의 심각성을 깨닫고 사들인 전답을 다시 팔아야 하는 어려운 결정을 하게 된다.

1937년 9월, 마침내 이병철은 시가보다 싸게 전답을 처리하고 자본 확보를 위해 협동정미소와 마산 일출자동차 운수회사까지 청산하였다. 그야말로 1년의 짧은 기간에 천당과 지옥을 체험한 것이다.

이는 이병철로 하여금 "3가지 이익이 있으면 반드시 3가지 해로움도 있다. 교만한 자치고 망하지 않은 자 아직 없다"라는 서당에서 배웠던 가르침을 다시 한번 되새기는 계기가 되었다. 이 실패가 훗날 사업 경영에 다시 없는 교훈이 되었다고 회고록에서 밝혔다.

정미소 사업과 운수업, 그리고 토지업을 정리하고 이병철은 수개월 동안 상업이 발달한 북경, 장춘, 상해, 청도 등 중국 대륙을 견학하였다. 중국 상인의 거래액, 거래품목, 거래방법을 알고 또 한 번 자신이 우물 안 개구리 같은 존재였음을 깨닫는다. 그리고 새로운 사업을 구상하고 그 대상지를 선택하였는데, 이것이 최초로 삼성이라는 이름이 들어간 대구 삼성상회이다.

3) 중국을 보고, 세상 넓은 것을 알다

이병철, 구인회, 조홍제 세 사람은 어릴 때부터 서당에 다녀 한자 교육, 유교 교육을 철저하게 받았다는 공통점이 있다. 여러 자료를 분석해 본 결과 집안의 재산은 조홍제, 이병철, 구인회 순으로 여유가 있었다. 하지만 세 사람은 처음부터 넉넉한 자본을 투입하여 큰 공장을 세우거나 제조업, 판매업을 한 것이 아니라 부모로부터 제한된 금액을 받아 어렵고 힘들게 사업을 펼쳐 성장해 나갔다.

창업 자금이 부족하자 이병철의 정미소는 지인과, 구인회의 포목점은 동생과 함께 사업 밑천을 만들었다. 아울러 이병철은 사전에 철저한 시장을 분석한 후 도정업을, 구인회는 마을 협동조합에서 충분한 경험을 쌓은 후 포목점을 시작하였다.

이병철은 중국 견학을 하고 귀국 후 대구로 가서 제분업과 무역업을 시작하였다. 구인회 역시 첫 사업인 포목점 외 어채(고기와 청과), 그리고 운송회사를 경영하면서 더 큰 사업을 위해 중국을 견학하고 견문을 넓혔다. 조홍제는 일본 법정대학 졸업 후 비료 관련 사업을 첫 사업 품목으로 결정하고 일본 전역에 시장 조사를 추진하다가 장남의 건강 악화로 급히 귀국하였다.

고향 함안 군북에서 정미소 도정 일과 가마니 짜기 등의 관련 사업을 하다 해방 후 마산에서 철 가공사업을 시작하였다.

4) 관광 스토리 빌딩, 협동정미소 터

이병철은 마산에서 정미소를, 구인회는 진주에서 포목점을, 조홍제는 마산에서 철 가공업을 하였다. 세 분의 고향이 의령과 진주, 함안이라는 것은 잘 알려져 있다. 대한민국을 대표하고 세계적인 기업을 만든 창업주의 고향과 첫 사업을 시작한 곳은 모두 경남이다. 기업가의 경제유산을 경남의 관광 스토리 빌딩에 1, 2, 3호로 지정하여 넣어두면 어떨까. 관광 스토리 빌딩이란 대중에게 흥미와 관심을 제공한다. 그리고 교훈적이면서, 구전이 아닌 사실적 이야기기가 풍부한 흔적과 현재까지 현장이 있는 명소를 뜻한다. 창업주 관련 관광 스토리 빌딩은 중국, 일본을 비롯 세계 관광시장에 출시하여도 제 몫을 충분히 할 것 같다.

7__ 대구 삼성상회 설립,
국수 생산 및 무역업

이병철은 훗날 기업가로서 크게 성공한 뒤에도

아버지의 가르침을 잊지 않고 항상 가슴에 새겨둔 좌우명이 있었다.

"비록 손해를 보는 일이 있더라도 신용을 잃어서는 안 된다."

연암 박지원의 열하일기를 잠깐 소개하고자 한다. 뜬금없이 왜 삼성 그룹 이병철 창업 이야기에 연암 박지원을 등장시켰을까?

이병철과 LG그룹 창업주 구인회의 창업과정을 깊게 분석해 보면 묘하게도 연결고리가 있었다. 그것은 새로운 사업을 구상할 때 중국 대륙의 큰 도시를 견학하고 현지의 유통과정과 시장을 살펴본 것이다. 한글 발음은 같지만 연암 박지원의 호는 연암(燕巖)이며 구인회의 호는 연암(蓮庵)이다.

1) 연암 박지원의 열하일기

박지원의 열하일기는 정조 1780년, 청나라 북경에 사신으로 다녀온 경험을 토대로 기록한 책이다.

열하일기는 청나라의 정치·경제·천문·지리·문학·농업·수리 등 각 방면에 걸쳐 기록되어 있다. 또한 북경을 비롯 조선까지 이어지는 승덕,

① 함양군을 상징하는 이미지에는 연암 박지원이 설치한 물레방아 모양이 포함되어 있다. 〈함양군〉
② 열하일기 속에 등장하는 중국으로 가는 관문 천하제일관, 이곳에서 입국 승인을 받아야만 북경으로 갈 수 있었다. 〈이래호〉

산해원 등의 마을풍경과 주민의 생활, 농사짓는 모습을 보고 구체적이고 사실적으로 기록하였다.

박지원은 열하일기에서 "1780년대 중국에는 3리만 가면 성을 쌓고 5리만 가면 곽을 쌓는다"는 표현처럼 중국의 문화는 조선을 앞서 있었다. 실제로 현지에서 보고 배운 것이 많다고 하였다. 함양군의 상징에는 지리산과 해, 맑은 물이 떨어지는 물레방아가 결합된 형태이다. 박지원이 안의현감(현 함양군)으로 부임하면서 중국에서 본 물레방아의 용도를 알고 설치한 역사적 근거를 인용한 것으로 추측된다.

이병철과 구인회가 견학한 1930년대 중국은 유럽 제국주의 국가들이 들어오면서 엄청난 변화를 하고 있었다. 짐작하건대 구인회와 이병철은 당시 지식인의 필독서 중 한 권인 열하일기 등을 통해서 중국을 알았을 것이다. 일제강점기이지만 1934년 중국까지 철도노선도 개설되어 있어 중국 왕래도 어렵지 않았다. 그래서인지 자본과 물품이 모이는 큰 시장인 중국의 대도시를 답사 대상 지역으로 선택한 것이 아닐까 생각해 본다.

2) 삼성이라는 이름의 탄생

1937년 10월부터 1938년 1월까지 이병철은 견문을 넓히기 서울과 평양, 신의주, 부산, 원산, 흥남을 비롯하여 멀리 중국 심천과 장춘, 북경, 상해, 청도 등 중국 대도시를 약 3개월 간 견학 하였다. 오늘날의 표현을 빌려 사업 아이템을 찾기 위한 대도시 현지답사와 견학이다.

대구 삼성상회 설립 초기의 모습. 1938년 설립 당시에는 삼성상회였으나 1941년 다양한 물품을 취급하기 위해 주식회사 삼성상회로 상호를 변경하였다. 중앙 타원형 안의 글자는 제분, 제면 한자로 국수가 당시 주력 사업 품목임을 추측할 수 있다. 〈호암재단〉

그가 본 중국시장의 규모는 엄청나게 컸다. 국내시장에서는 고작 몇 천원 혹은 몇 만원 단위의 거래가 이루어지고 있는 데 비해 중국에서는 수백만원이 오갔다. 국내시장과는 비교할 바가 아니었다.

이병철은 실제로 현장에서 본 중국 상인의 상거래 규모에 놀라고, 소비능력을 갖춘 수요자가 많은 것에 또 놀라지 않을 수가 없었다. 중·일 전쟁과 서구 열강이 중국의 도시들을 조차 지역으로 하는 등 정치적으로 어수선하지만 중국은 오랜 전통과 역사가 축적된 경제, 문화대국이었다.

중국에서 취급하는 품목은 물론 중국의 사업방식도 배울 것이 많았다. 조선 후기 거상 임상옥이 중국을 대상으로 큰 무역업을 한 것도 알고 있었으리라 추측해 본다. 이병철이 중국시장을 견학하면서 느낀 내용이다.

"만주지역 심양이나 장춘 등은 내륙 깊은 곳으로 겨울 추위가 심한 지역이다. 이런 곳에서는 과일이나 생선의 구입이 쉽지 않다. 청과물, 건어물, 잡화 등의 품목은 일상생활에 필수품이라 반드시 필요할 것이며 소비도 꾸준하게 늘어날 것이다. 상호 부족 물품을 공급한다. 그렇다. 무역업이다." 무역을 하기로 이병철은 마음의 결정을 내렸다. 이병철은 중국시장에서 감히 상상도 못할 규모의 사업이 존재하는 것을 깨닫고 고향으로 돌아왔다.

이병철은 중국을 견학한 후 "감히 엄두도 내지 못 할 규모의 사업들이 있다는 것을 알게 되었다. 내가 일을 하는데 많은 도움이 될 것이다"라고 소회 하였다. 이런 배경으로 이병철이 무역업과 제조업을 주력으로 하는 '삼성상회'가 마침내 대구에 설립되었다.

3) 대구 명물이 된 삼성상회 별표국수

1938년 3월 1일, 대구에서 삼성상회를 설립하였다. 이병철의 나이 28세이다. 자본금은 3만원(2만원 기록도 있음)이고 초기 종업원은 약 40명 정도였다. 거대한 삼성그룹의 씨앗이 뿌려진 날이다. 삼성상회 설립에 앞서 마산에서 정미소, 운수업 등 몇 가지 사업을 하였지만 삼성이라는 이름이 붙여진 것은 대구 '삼성상회'가 최초이다.

마산 협동정미소와 마산 일출자동차 운수회사의 운영 경험을 토대로 시장의 변화를 예측하였다. 청과물과 건어물의 작황과 어획량 등에 대해 끊임없이 조사하여 주문과 공급량을 조절하면서 무역업을 해나가자 안정적인 매출로 회사는 꾸준한 성장을 하였다.

삼성상회가 생산한 별표국수 상표. 좌측 한자는 美味優良(미미우량 : 맛이 우수하다), 滋養豊富(자양풍부 : 영양이 풍부하다)의 뜻이다. 〈호암재단〉

무역품목은 대구 근처의 농촌에서 사과 등의 청과물과 포항의 건어물을 수집해서 만주와 북경지역에 팔았다.

하지만 이병철은 단순하게 중개 역할을 하면서 이익을 추구하는 무역업으로는 성장의 한계가 있음을 알고 이를 보완하기 위해 국내 내수용 제조업도 병행하였다. 사업품목으로 제분업과 제면업을 하였다.

'별표국수'를 생산 판매하였는데 그 인기는 아주 높았다. 공장 안에 세워진 제분기와 제면기는 쉬는 날 없이 가동되었다. 국수공장 안에 가건물 방을 만들어 집에 오고 가는 시간도 아낄 정도였고, 이건희가 태어나자 의령 본가에 맡길 정도로 바쁜 나날이었다. 가동되는 시간만큼 회사의 수익도 늘어났다.

이병철이 생산한 국수는 3개의 별이 상표로 사용되었다. 3개의 별과 별표국수 글자를 크게 표시하였다. 국수 제조업을 한 이유는 2차

세계대전에 참전한 일본이 쌀과 곡식 등 식량 수탈을 많이 하여 식량이 부족하자 대체 식량으로 국수 소비가 많을 것이라고 예측 하였기 때문이다.

국수 가격은 한 묶음에 10전이다. 1박스에 60묶음씩 넣어서 6원에 판매하였는데, 하루 100박스 이상 판매되었다. 월 매출도 20,000원으로 당시로는 어머어마한 금액이다. 당시 삼성상회 자본금이 30,000원이었다.

값이 조금 비싸도 좋은 재료로 품질이 우수한 제품을 생산 판매한 전략이 성공하였던 것이다. 이병철의 장남 이맹희의 회고록 내용이다. "이 시기 아버지를 비롯 우리 가족은 공장 안에서 함께 숙식을 하였다. 하루 24시간 가동하기 위해서였다. 국수 기계 소음과 밀가루 분진 속에 2년을 공장에서 생활하였다."

8 __ 대구 삼성상회 건물과 이건희 생가

성공에는 기교가 없다.

주어진 일에 최선을 다했을 뿐이다.

이병철은 무역업과 제조 판매업도 함께 하기로 결심을 하고, 1938년 3월 1일 대구시 인교동 61번지에 삼성상회를 설립하였다. 삼성상회 본사는 대지면적 약 40평에 지하 1층, 지상 4층, 높이 약 13m로 전체면적은 약 200~250평 정도로 알려져 있다. 1934년에 지어진 비교적 신축의 상업용 목조건물이다.

서양식 건축 기법이 아닌 한옥과 목구조 형태의 과도기적 시기의 건축양식이다.

1층 우측에 제분기, 제면기를 설치하여 국수를 생산하였고, 좌측에는 방과 사무실로 사용하였다. 2~4층은 자재 창고와 진열대, 국수 건조장 등으로 사용하였다. 당시 좌판이 대부분이었던 대구 서문시장에서 삼성상회 간판이 걸린 4층짜리 건물의 사업장은 많은 사람의 시선을 끌기에 충분하였다.

1939년 대구에서 조선양조를 인수한 후에는 사세 확장과 다양한 물

삼성상회는 1941년 주식회사 삼성상회로 법인 전환 후 주권을 발행하였다. 주주 허순구는 진주에 최초의 민간자본으로 문성당백화점을 설립한 이병철의 매형이다. 〈허순구 가족〉

품을 취급하기 위해 1941년 '주식회사 삼성상회'로 상호를 바꾸었다.

1) 삼성상회 건물 복원이 되다

1997년 9월, 목조로 세워진 삼성상회 건물은 건축된 지 63년이 경과하자 붕괴 위험이 있어 철거되었다. 대구 중구청에서는 삼성상회가 대구에서 첫 사업을 시작한 곳으로 인정, 철거된 삼성상회 건물 터에 역사적, 문화적 가치가 있는 기념지로 조성하여 놓았다. 현재 이곳 삼성상회 건물 터에는 삼성상회 관련 기록물과 조형물을 설치하여 관광객에게 볼거리를 제공하고 있다.

2017년, 제일모직 공장 터였던 대구 북구 침산동 삼성창조경제단지 안에 삼성상회 설립 초기의 모습을 그대로 재현하였다. 설립 초기의 건축물과 동일하도록 철거 당시 모아 두었던 자재를 복원할 때 재활용하였다.

이곳 인교동 삼성상회에서 5분 거리에 이병철이 거주한 주택이 있다. 눈짐작으로 70~80여평 대지에 'ㄱ자' 형태의 한옥 본채 건물과 마당 그리고 훗날 세워진 듯 본채 맞은편에 일자형 별채가 있다. 본채는 3평 크기의 방 1개, 2평 크기의 방 3개, 별채에 방 2개 규모로 옛날 가옥 형태라 아담하다.

이곳은 이병철이 대구에서 삼성상회, 조선양조를 경영한 1938년 3월부터 1947년 5월까지 서울로 이사 가기 전까지 약 10년간 살았던

제일모직 옛 터 대구 삼성창조경제단지에 1938년 설립 당시의 삼성상회 건물을 복원시켜 놓았다. 〈이래호〉

삼성상회 터 5분 거리에 이건희가 태어난 생가가 있다. 방문객이 생가 안내문을 읽고 있다. 〈이래호〉

이건희 생가 담장에 그려진 부자 기 받으세요. 〈이래호〉

곳이다. 이건희(1942년생) 회장이 태어나 아버지의 생가가 있는 의령을 오고 가면서 어린 시절을 보낸 곳이기도 하다.

주변은 오토바이 상가 밀집지역으로 사람이 많이 붐벼 약간은 어수선하다. 그러나 삼성상회에서 거주하는 집까지는 골목 같은 길이라 쉽게 찾을 수 있다. 천천히 걸어도 5분이 소요 되지 않는다. 대구에 가면 이병철 부자가 걸었던 이 골목길을 꼭 한 번 걸어가 보시라. "건희야, 너는 대한민국 제일의 기업인이 되거라. 사업보국의 정신을 잊지 말아라." 골목 어디에선가 들려올 것 같다.

이병철은 여성의 사회활동이 필요한 시대가 올 것을 예측하고 결혼 후 평범한 주부로 지내던 딸 이인희와 이명희에게 경영을 가르쳤다.

의령 출신인 이인희는 대구여자중학교, 장남 이맹희는 대구 수창초등학교, 경북중학교를 졸업하였다. 당시 이맹희의 동기생들이 전두환, 노태우 전 대통령을 비롯 김복동, 정호용, 김윤환, 유수호 전 국회의원과 김상조 전 경북지사이다(이맹희 묻어둔 이야기). 훗날 이인희는 한솔제지를, 이명희는 신세계백화점을 운영하였다.

2) 국수도시 대구, 서문시장, 풍국면

삼성상회에서 멀지 않은 거리에 영남의 물자가 모이는 대구 상업의 중심지 서문시장이 있다. 서문시장은 대구 최대, 최고의 시장답게 먹거리도 많지만 대한민국 면 애호가들의 필수 방문 코스로 수십여 개가 밀집된 국수거리가 있다. 어떤 미식가는 대구에서 생산되는 국수를 평가할 때 '면발이 질기다'고 한다. 면이 질기다는 것은 그만큼 쫀득쫀득하다는 표현이다. 삼성상회에서 생산한 이병철의 별표국수도 당시에는 가장 인기 있는 국수 상표 중 하나였다. 별표국수는 이병철이 서울로 사업지를 옮긴 후에도 계속 생산하다가 1958년 종료하였다.

대구가 오늘날까지 국수도시라는 이름을 이어 오는 것은 1933년에 설립된 '풍국면(국수)'이 있기 때문이다. 풍국면은 삼성상회가 별표국수 생산 중단 시 거래처를 인수받을 정도로 우수한 제품을 생산하는 대구를 대표하는 국수전문 생산업체였다.

1970년대 풍국면은 TV 광고를 할 정도로 호황이었는데 당시 모델이 당대 최고의 배우인 '신성일, 엄앵란'이었다. 대구는 1980년대까지 전국 국수시장의 50%를 점유할 정도로 유명한 국수 생산도시 였지만 이후 라면이 대체재로 급성장하면서 국수도시 명성은 예전만 못하다.

나라의 풍요로움을 기원하는 의미의 '풍국면'은 국내 최초 기업형 최장수 국수공장이다. 밀가루가 투입되어 국수가 될 때까지 사람 손이 하나도 닿지 않는 자동화 생산설비를 갖추어 대구의 옛 국수명성을 이어가고 있다.

사진 자료를 부탁하고자 최익진 대표와 통화를 하였는데 국수에 대한 자부심이 충만한 것을 느낄 수 있었다. 계속 성장하여 대한민국 국수 역사의 중심이 되기를 진심으로 기원드렸다.

대구가 이렇게 국수로 유명한 이유는 '대구 날씨' 때문이라고 한다. 대구는 우리나라에서 가장 더운 곳 중 한 곳으로, 일조량이 풍부해 국수의 건조가 타 지역과 다르다는 해설이 있다.

필자도 현지 조사를 끝내고 서문시장 내 국수포차에 들렀다. "아지

매, 이거 별표국수요?"하고 물어보니 "오데예, 아닙니더, 지금은 별표 국수가 안 나옵니더, 풍국국수 입니더"라며 대구 국수 맛처럼 맛깔스럽고 투박한 경상도 사투리가 돌아온다.

유네스코 세계 창의도시 선정에 음식도 있다. 한국에서는 전주가 음식 창의도시로 선정되었다. 대구시가 풍부한 대구 음식 스토리를 활용하여 음식 창의도시에 등재를 위해 도전을 하였으면 하는 생각을 가져본다.

3) 이병철과 음식이야기 1, 일본요리사의 야단

이병철이 일본에 출장을 가서 손님을 초대하여 식사를 대접한 일이 있다. 일본에서 유명한 복요리집이다. 그런데 행사가 늦게 끝나 이병철 일행이 예약 시간보다 1시간 늦게 도착하였다. 식당에 들어서는 일행을 보고 식당 요리사가 화를 냈다.

"복요리를 맛있게 드시려면 시간이 맞아야 합니다. 그래서 예약시간에 맞추어 조리를 해두었는데 예정보다 1시간이 늦어 복요리 최고의 맛을 잃어버렸습니다. 제가 복요릿집을 운영하는 것은 돈을 벌고자 하는 것도 있지만, 최고의 맛을 손님들에게 서비스하는 데 있습니다. 제가 최고의 요리를 만들었는데 손님이 제시간에 오지않아 제 맛이 안나는 것이 억울합니다."

최고의 요리사를 꿈꾸는 장인정신 가득한 일본 요릿집 주인에게 예약시간보다 늦었다고 야단을 맞은 것이다.

4) 이병철과 음식이야기 2, 초밥알을 세어보아라

이병철 회장은 1976년 위암 수술 이후 금연과 소식의 절제 생활을 하였고, 결코 과식하는 법이 없었다. 여러 자료를 살펴보면 이병철의 아침 식사는 토스트와 달걀, 커피를, 점심은 곰탕, 국밥, 소바, 우동을 그리고 저녁에는 한식류를 즐겨 드셨다.

어느 날 이병철 회장이 1979년 개관한 신라호텔 조리부장에게 일본에 있는 식당을 소개하였다. 규모도 아주 작고 외관도 아주 초라하게 보이는 일본의 초밥 집에 가서 배워올 것을 지시하였다. 그 후 이병철 회장이 식사를 하기 위해 호텔 일식당에 들렀다. 조리부장은 열과 성의를 다하여 최고의 초밥을 만들어 드렸다.

이병철회장은 좋아하는 초밥도 밥 무게와 생선 무게 15g으로 만들어 늘 6~8점만 먹었다. 만족한 표정으로 식사를 하시는 회장을 보고 조리부장은 "회장님, 저는 이제 더 배울 것도 없습니다"라고 하였다. 이때 이병철 회장이 질문을 하였다. "조리부장, 지금 내가 먹은 초밥 한 점에 밥알은 몇 알입니까?"

밥알의 숫자를 몰랐던 조리부장은 당장 밥알을 한 톨 한 톨 헤아렸다. "밥알 수가 000알입니다."

이병철 회장은 "점심에는 식사용으로 먹기 때문에 초밥 한 점에 밥알수가 000알이 적당하지요. 그러나 저녁에는 술도 한 잔 하고 안주도 먹기 때문에 점심보다 양이 조금 적은 △△△알 정도가 가장 좋습니다. 요리에도 장인정신이 필요합니다. 어떤 일을 하시면 그 분야 최고가 되겠다는 마음을 잊지 마십시오."

9 __ 문학 속의 국수, 문학 속의 마산

사업을 할 경우에는, 언제 할 것인지 – 시기

누구와 어떻게, 단독으로 할 것인지 – 사람

그리고 규모에 맞는 – 자금

이 세 가지를 갖추어야 한다.

이 세 가지가 갖추어지지 않으면 성공을 기약하기 어렵다.

국수, 이 반가운 것은 무엇일까? 이 소박한 것은 무엇일까?

이병철은 대구에서 삼성상회를 설립하고 무역업 외 제조업으로 '별표국수'를 생산하였다. 대구 삼성상회 터에서 멀지 않은 곳에 서문시장이 있다. 이곳에는 아직도 국수요리만 전문으로 하는 오래된 가게가 수십 곳 밀집되어 있다. 가게마다 찾는 손님이 많아 국수의 매력이 어디까지인지 놀라울 뿐이다.

1) 문학 속의 국수

이병철이 북마산에 '협동정미소'를 설립하고 첫 사업을 시작할 때가 1936년이었다. 이 시기 이병철의 사업장에서 멀지 않은 구마산에는 문학 속에 등장하는 기록으로 남겨진 이야기가 있다. 이병철과 국수, 국수와 문학, 문학과 마산으로 스토리를 구성해 보았다.

우리 일상의 음식재료인 '국수'를 소재로 씌어진 시, 수필 등 문학 작품이 있다. 옛 마산, 창원, 진주, 국수 등의 내용이 함께 있는 작품을 찾아 보았다.

1936년 1월, 겨울방학이 되자 '백석(1912~1996년)'은 '란(본명, 박경련)'이 고향 통영 집에 있을까 하는 기대감을 가지고 친구 신현중과 함께 란을 만나기 위해 통영으로 갔다.

지금의 마산 6호광장 인근에 세워진 구마산역 대합실 입구에서 사자 머리숱을 가진 훤칠한 남자가 걸어 나왔다. 역 광장을 지난 그의 발걸음은 지금의 마산 불종거리로 향하고 있었다. 통영으로 가는 배를 타기 위해 마산 어시장 부근 선창(여객선 터미널)으로 가는 중이었다. 백석은 통영을 갔지만 란을 만나지 못하였다. 같은 날 란은 서울로 가기 위해 지금의 불종거리에서 백석을 지나쳐 구마산역으로 가고 있었다.

근·현대 마산 역사의 최고 전문가인 허정도 건축사의 저서 '도시의 얼굴들'에 나오는 백석과 란과 관련된 내용이다. 안도현의 저서 '백석 평전'에도 일부 소개되는 내용이다. 백석이 통영에 오는 그날 하필 란이 서울로 가는 날이었다.

선창에서 내린 란이 구마산역으로 올라가고 있을 때 백석은 배를 타기 위해 구마산역에서 선창으로 내려가고 있었다. 두 사람은 불종거리에서 지나쳤다. 백석은 몰랐고 란은 알았다. 란과 함께 가던 서정귀(구인회 편. 19회. 구인회의 언론사

한 여성이 걷고 있는 현재의 마산 불종거리. 1936년, 이 신작로를 따라 백석이 첫사랑 란을 만나기 위해 구마산역에서 불종거리를 거쳐 어시장 선창까지 걸어갔다. 〈이래호〉

경영.3) 서정귀 국제신보 사장, 백석, 란)가 백석을 알아보고 란에게 귀띔해 주었던 것이다. 역으로 가던 란은 걸음을 멈추어 뒤돌아 보았지만 아는체 하지 않고 서울행 기차를 탔다. 그 후 백석이 사랑한 란이는 1937년 4월 7일 통영집 마당에서 백석의 친구 신현중과 결혼식을 올렸다. 그리고 둘은 진주 촉석루로 신혼여행을 떠났다.

이렇게 슬프지만 아름답고, 아쉽지만 수채화 같은 러브스토리의 주인공이 우리에게 많이 알려진 시(詩) '국수'를 지은 시인 백석이다.

2) 백석의 시, 국수
" ... 중략
아, 이 반가운 것은 무엇인가
이 히수무레하고 부드럽고 수수하고 슴슴한 것은 무엇인가
겨울밤 찡하니 닉은 동티미국을 좋아하고
얼얼한 댕추가루를 좋아하고
싱싱한 산꿩의 고기를 좋아하고
그리고 담배 내음새 탄수 내음새
또 수육을 삶는 육수국 내음새
자욱한 더북한 삿방 쩔쩔 끓는 아르굴을 좋아하는
이것은 무엇인가
이 조용한 마을과 이 마을의 으젓한 사람들과 살틀하니
친한 것은 무엇인가
이 그지없이 고담(枯淡)하고 소박한 것은 무엇인가"

백석과 경상남도의 인연은 곳곳에 있다. 백석은 통영에 거주하는 사

랑하는 여인을 만나기 위하여 세 번이나 서울에서 구마산역까지 기차를 타고 내려왔다.

따뜻한 남쪽의 항구도시 마산과 통영을 다녀간 후 1936년 1월 23일 조선일보에 '통영'이란 시를 발표하였는데 첫 시작이 '구마산의 선창에선'이다. 그리고 창원의 봉림산 허리를 가로질러 가는 철길에서 본 '창원도', 첫사랑 란이에 대한 그리움을 잊지 못해 다시 쓴 '통영(서병직씨에게)'을 비롯 '고성가도', '삼천포' 등 경남의 도시를 제목으로 한 '남행시초' 4편을 남겼다.

백석 시인의 청년 시절 회자되는 이야기 중 빠트릴 수 없는 이야기가 있는데 그 대상이 진주이다. 통영 란이에게 청혼을 하러 갔다가 거절당하고 서울 귀갓길에 가 보았던 권번 출신들이 있는 요릿집 '등아각'에서 일어난 '진주에서 노래하고 술마신 밤' 이야기이다. 넘쳐흐르는 열정과 끼 많고 재주 있는 청년들의 행동이 드라마 같은 이야기이다. 이때 백석을 사모한 권번 출신 여인이 당시 진주에서 가장 예쁜 옷감을 판매하는 구인상회에서 구입한 한복을 입고 백석을 만나러 서울로 갔다는 수필 같은 이야기가 있다.

백석 시인과 진주의 란, 그리고 구인상회와 연결된 고리를 찾아 여러 도서를 펼쳐 보았다. 1979년에 발간된 연암 구인회 회고록에 천종상회 사장과 함께한 구인회 사장의 추억담을 회고한 내용이 있다. 하지만 백석과 연결되는 사실관계의

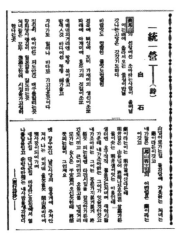

백석은 마산항에서 통영에 갔다. 1936년 1월 23일 조선일보에 발표된 '통영' 시의 첫 구절에 '구마산'이 등장한다. 〈조선일보〉

증명이나 더 상세한 기록은 찾을 수 없었다. 필자는 '슬프지만 아름다운 백석의 진주와 비단이야기'라는 이름을 붙여 보았다.

3) 생활 속의 국수

국수를 뽑는 국수틀. 분틀이라고도 한다.

고려시대부터 시작되었다는 국수는 주식이 아니고 잔치나 특별한 날 먹었던 귀한 음식이었다. 귀한 국수도 일제강점기에는 서민들의 밥상에 자주 올랐다. 그 까닭은 1930년대 후반 일본이 전쟁에 대비하여 쌀을 중심으로 군량 확보가 필요하였고, 쌀을 대체하기 위하여 일반인에게는 혼식을 장려하였다.

안도현의 작품중 '너에게 묻는다'가 있다. '연탄재 함부로 발로 차지마라, 너는 누구에게 한 번이라도 뜨거운 사람이었느냐' 이 시는 짧지만 깊은 의미가 있어 필자도 좋아하는 작품이다. 우리에게 널리 알려진 시인 안도현이 지은 '백석평전'에 국수와 관련된 흥미로운 내용이 있어 인용하였다.

백석이 1930년 함경도 국숫집을 겸하는 산골 여인숙에서 하루를 묵었다. 책 속의 내용을 시처럼 옮겨 보았다.

산숙

"여인숙이라도 국숫집이다.
메밀가루포대가 그득하니

쌓인 웃간은 들믄들믄 더웁기도 하다.
나는 낡은 국수분틀과 그즈런히 나가 누워서
구석에 데굴데굴하는 목침들을 베여보며
이 산골에 들어와서…
목침을 이야기하지만
나는 국수이야기를 한다."

국숫집에다 여인숙을 겸해 장사를 하는 이 집에서 손님이 묵는 방에도 밀가루포대와 국수 분틀이 있다. 함경도 산골의 전형적인 풍경과 그 당시 사람들의 생활이 압축적으로 그려져 있다. 그때의 함경도 국수와 현재 생산되는 국수와 차이는 있겠지만 국수는 1930년대 농촌 밥상에 자주 올라온 음식이라는 것을 알 수 있다.

4) 하숙집 배고픔을 국수로 달래다
정주 오산학교 100년사에 국수와 관련된 재미있는 이야기가 있다.

오산학교가 전국적인 명성으로 학생 수가 늘어나자 기숙사에 모두 수용하지 못하였다. 학교 주변에는 하숙집과 음식점, 잡화점 등이 생겨났다. 학교의 하루 일과로 오후 5시 수업이 끝나면 기숙사에 거주하지 않는 학생은 하숙, 자취집으로 돌아가 저녁 7시부터 10시까지 각자 야간학습을 한다.

공이 위에 올라가 거꾸로 매달려서 국수를 뽑는 풍경이다. 풍속화가 기산 김준근의 그림.

이 시간이 되면 교사들이 순번을 정해 하숙집, 자취집을 순시하고 감독하였다.

밤 9시쯤 감독교사가 순시하고 지나가면 학생들은 하나 둘 하숙집을 빠져나와 어디론가 간다. 밤이 깊어 출출해진 배를 채우려는 것이다. 돌이라도 씹어먹을 십대 후반의 나이에 하숙집에서 주는 밥으로는 기나긴 겨울밤의 허기를 견딜 수 없었던 것이다. 당시 학생들이 밤마다 탈출을 감행하여 즐기는 것이 국숫집 혹은 중국음식점의 호떡이었다. 오늘날 치킨, 떡볶이, 순대, 족발 등의 야식과 비교가 된다.

원래 오산학교는 평안북도 정주군에서 1907년 12월 개교했다. 현재의 오산중고등학교는 6·25 전쟁 이후 서울에서 학교를 다시 세운 것으로 역사가 긴 만큼 한국사의 주요 인물을 많이 배출하였다. 문학인으로 김소월, 염상섭, 이광수, 백석 그리고 화가 이중섭, 독립운동가 조만식, 김홍일, 주기철 목사를 비롯 함석헌 사회운동가, 의사 백인제, 전 국무총리 강영훈 등이다.

5) 밀가루 3형제, 장남은 국수

밀가루 3형제 국수, 칼국수, 수제비와 관련하여 한두 가지 웃고 울고 싶은 추억은 있을 것이다. 1960년대 정부 지원품으로 밀가루가 배급되었다. 이를 활용한 요리로 집에서 간편하게 칼국수와 수제비를 만들 수 있었다. 그러나 국수는 반죽과 건조 과정 등 가정에서 쉽게 만들기가 어려워 완성품을 구입하여 간식과 주식으로 부담없이 먹었다. 이병철이 국수를 생산한 것도 이런 시대적 환경도 반영되지 않았을까 하는 생각이다.

사찰에서는 국수를 승소(僧笑)라고 부른다. 국수는 힘든 수행에 지친 스님들도 웃게 만드는 음식이라는 뜻이다. 중국에서 국수는 그 면 발의 생김새 덕분에 장수와 인연, 자손의 번영과 희망을 상징한다. 그 리고 중국인은 식사대접시 손님에게 먼저 만두를 대접한다. '우리 이 렇게 알차게 이야기하자.' 의미이다. 후식으로 국수를 대접한다. '국수 처럼 우정이나 협력관계를 오래오래 간직하자'는 의미로 해석된다. 중 국에는 국수 종류만 백 가지가 넘고 조리법도 다양하여 '백면(百麵)은 백년학습(百年學習)'이란 말이 있다.

6) 시인 백석

2012년, 문학평론가 75명이 뽑은 단행본 중 한국 대표시집으로 김소 월의 '진달래꽃', 서정주의 '화사집' 에 이어 백석의 '사슴', 한용운의 '님 의 침묵', 윤동주의 '하늘과 바람과 별과 시'가 선정되었다. 근대서지학 회가 100권의 시집을 선정하였는 데 1936년에 출판한 백석의 '사슴' 도 선정되었다. 백석 시인의 '국수' 는 2009년 중고등학교 개정 국어 교과서에도 실렸다. 백석은 '산숙에

1936년 100권 한정판으로 출판된 백석의 첫 시집 '사슴'. 2014년 경매시장에서 7천만 원에 거래되었다. 조선총독부 도서관 장서 직인이 찍혀 있다. 〈한국학중앙연구원〉

서 국숫집 풍경을', '야반에서 메밀국수를' 등 우리 일상의 음식재료를 대상으로 많은 작품을 남겼다. 1936년 1월 한정판 100부로 발행한 시 집 '사슴' 원본이 2014년 경매시장에서 세계문학박물관을 준비하는 문 학애호가에게 7천만원에 낙찰되기도 하였다.

10_ 앞산에 오르니 대구도 작다

요행을 바라는 투기는 절대로 피해야 한다.

1939년 이병철은 일본인이 청주를 제조 생산하다가 경영 악화로 내놓은 대구 '조선양조 주식회사'를 12만원에 인수하였다. 무역업과 제조업을 하던 삼성상회에 이어 새로운 사업 확장이다. 다른 자료에는 1943년 인수하였다는 기록도 있다. 필자는 회고록을 근거로 내용을 많이 인용하였기에 1939년에 기준을 두었다.

1) 대구에서 조선양조장 운영

대구의 양조 시장은 맥주와 청주 등 고급주는 일본인이 독점하였고, 소주, 조선주, 막걸리 등의 주류는 조선인이 생산하게끔 상권이 구분되어 있었다. 당시 양조장은 허가가 제한되어 있어 신규 사업 진입이 쉽지 않은 사업이었다.

이병철의 양조장 인수 시기는 중·일 전쟁 중이라 일본은 쌀, 석유 등 생필품은 통제하였지만 허가된 양조장에서 생산하는 술은 통제를 하지

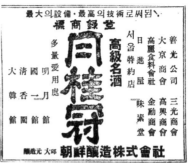

조선양조장에서 생산한 월계관 상표의 청주. 광고 내용에 월계관은 명월관, 국일관 등 서울 유명 요정에 납품한다는 내용이 실렸다. 〈동아일보 1947년 12월 25일〉

않았다. 그 이유는 정부의 재정수익의 여타 품목보다 술에서 세금을 확보하는 것이 쉬웠기 때문이다. 따라서 양조장마다 정부에서 주어진 할당량만큼 술을 빚을 수 있었다. 무허가 업체가 생산하는 밀주에 대해서는 정부의 단속이 심했지만 관공서의 인·허가를 받은 양조장은 재고가 없을 정도로 날개 돋친 듯 팔렸다.

그러나 해방이 된 후 미군정청이 쌀 공급을 제한하자 양조의 원료인 쌀을 구할 수 없어 생산이 한동안 중단되는 어려움도 겪었다. 하지만 1946년 10월 1일 대구 폭

조선양조장이 생산한 제품광고. 〈조선일보 1953년 8월 4일〉

동 후에 쌀 공급이 재개되면서 이병철의 조선양조장도 '월계관'이라는 상표로 청주를 생산하였다. 이 청주는 인기가 좋아 영남지방은 물론 서울까지 진출하였다. 조선양조가 생산 판매한 제품은 청주뿐 아니라 삼성소주, 삼성포도주, 삼성위스키 등 9종류였다

사업장이 안정되자 이병철은 1945년 9월 대구에서 기업체를 경영하는 유지들로 구성된 친목 단체인 '을유회'에 가입하면서 대구 상업계의 중심인물로 성장하였다. 을유회는 1945년 10월 대구의 지방지 '조선민보'를 인수하고 '대구민보'로 개칭하여 신문을 발행하였다. 이때 이병철은 총무국장으로 잠시 근무하였다.

2) 결심, 더 큰 장사를 하자

1938년 대구에서 삼성상회를 설립한 날로부터 1947년 5월 서울 혜화동으로 이사를 간 날까지 약 10년간 대구에서의 경영활동은 이병철의 기업사에 첫번째 황금기라 할 수 있다. 해방 후 참담한 한국경제의 현실을 본 이병철의 가슴 속에는 늘 무역업을 통한 생필품 공급의 필요성을 품고 있었다. 변변한 생산시설 하나 없는 나라에서 서민을 위한 물자공급은 늘 부족한 상태였다. 결심이 서면 과감한 결정을 내리는 것도 이병철 경영의 장점 중 한 가지이다. "그래, 무역을 하기에는 대구도 좁다. 무역업은 서울과 같은 큰 도시에서 해야만 성공할 수 있다. 서울로 가자."

1947년 5월, 대구의 모든 사업장을 경영인에게 맡겨두고 이병철은 가족을 데리고 서울 종로구 혜화동 163-25(125번지로 기록된 자료도 있음)에 새 거처를 마련하였다. 이병철은 1937년 중국 대륙을 누비면서 마음속에 품어온 '기업보국' 실천을 위한 닻을 마산과 대구를 거쳐

마침내 대한민국 최대 도시 서울에 내렸다. 이병철이 1938년 대구에서 삼성상회를 설립한 지 꼭 10년 만이다.

3) 왜, 대구에서 시작하였을까

이병철은 삼성상회를 대구에 설립하였다. 첫 사업인 정미소와 자동차 사업을 한 고향 인접 마산도 아니다. 당시 대도시인 서울, 부산도 아닌 왜 대구에 설립하였을까. 이병철 본인이 밝힌 회고록의 내용이다.

"삼성상회 주 사업 업종은 무역업이다. 주력 품목은 청과물과 건어물 그리고 잡화이다. 이병철은 대구의 사과와 포항의 건어물을 중국 심양과 장춘 등 만주지역에 수출할 계획을 가지고 있었다. 무역은 수출 물량 확보와 운송이라는 두 가지를 충족하는 지리적 조건이 필요하다. 이러한 사유로 경북지역 교통의 중심이자 물자의 집산지로 우수한 지역인 대구시를 선택하였다."

경영학자와 기업 연구가들은 대한민국을 대표하는 삼성그룹의 설립 배경과 지역, 사업 품목 등을 매우 중요한 연구 주제로 인식하고 있다.

'이병철과 대구 창업설'은 세미나 등을 통해 다양한 의견이 제시되고 있다. 회고록의 내용 외 설득력 있는 내용 4가지를 요약해 보았다. 하지만 당사자가 생존하지 않으니 명쾌한 해답은 알 수 없다.

4) 대구에서 삼성상회 설립, 첫 번째 이유

이병철의 처가댁이 대구에 있었기 때문이다. 이병철은 1926년 12월, 두 살 위인 경북 달성군 출신 박두을과 결혼하였다. 신부 집안은 사육신 박팽년의 후손으로 대구 달성의 명문이자 지역 유지였다. 이병철의 장남 이맹희 회고록에 박두을이 아들을 보고 "너 아버지에게

이병철 처가가 있는 대구 달성군 하빈면 묘리마을 전경. 〈달성군청〉

시집이라고 왔더니 집도 좁고 그렇게 가난해 보였다"라고 말한 내용
이 있다. 결혼 당시 주변에서도 신랑 쪽이 너무 기울어진다는 이야기
도 있었다. 의령군 4대째 천석꾼 부자였던 이병철 집안을 가난하게 본
것으로 볼 때 신부 쪽의 경제력을 짐작할 수 있다.

사업을 할 때 고향이나 처가댁의 연고지도 무시할 수 없는 선택지
중의 한 곳이다. 첫 번째 이유를 뒷받침하는 부분적인 내용도 있다.
이병철의 처조카가 되는 대구 달성 출신 박준규 전 국회의장의 회고 인
터뷰에 "이병철이 마산에서 사업에 실패하여 대구로 왔을 때 정착할
수 있도록 아버지께서(박준규의) 도와주었다"는 내용이 있다.

5) 대구에서 삼성상회 설립, 두 번째 이유

지인과 친인척이 대구에 많았기 때문이다. 이병철의 고향 의령 군민
의 생활 측면에서 살펴볼 필요가 있다. 의령 북부 지방의 생활 반경은

대구와 가까워 대구시장을 오고 간다. 의령 남부 지방은 진주와 마산을 많이 오고 간다. 당시 대구지역에 의령 출신이 제법 거주하였고 왕래도 많았다. 장사하는 지인이 많으면 물품공급이나 거래가 쉽다. 이러한 지리적 환경도 이병철에게는 대구를 근거지로 한 이유가 될 것이다.

6) 대구에서 삼성상회 설립, 세 번째 이유

전략적 선택으로 볼 수 있다. 정미소와 부동산 사업 정리 후 넉넉하지 못한 자본금이지만 새로운 도시에서 다시 사업을 하는 것도 나쁘지 않다고 생각하였다. 이런 측면에서 보면 대구는 도시 규모나 물자 운송 교통도 그렇게 나쁜 조건은 아니다. 이병철이 마산 사업체를 청산한 후 남은 자본으로 임대료나 인건비 등 창업자금이 많이 소요되는 서울, 부산이 아닌 대구는 어느 정도 예산 투입이 적정하였을 것으로 판단하였다.

왜 대구에 삼성상회를 설립하였을까? 왜 대구가 삼성을 키운 도시가 되었을까? 이에 대한 대답과 의견은 독자 여러분이 가지고 있다.

7) 대구에서 삼성상회 설립, 네 번째 이유

매형 허순구의 역할이다. 이병철이 무역업 외 판매 중심의 삼성상회를 개업한 것과 허순구의 문성당백화점 경영과 일치되는 부분이 많이 있다. 따라서 매형의 권유나 추천 혹은 자문이 있었다고 볼 수 있다. 그리고 진주에서 문성당백화점을 운영하던 허순구도 진주의 모든 사업을 정리하고 대구로 갔다. 허순구는 경제력도 충분하여 삼성상회와 주식회사 삼성상회에 주주로 참여하였다. 당시 주변 환경을 고려해 보면 이병철이 가장 많이 의지한 분이 매형 허순구이었을 것이다.

8) 이병철이 만든 사이다, 오렌지 주스

이병철은 1939년 조선양조, 1948년 4월 조선효모를 인수하였다.

1953년 소주 원료와 주정을 생산 판매하는 풍국주정공업 주식회사
를 대구에서 설립하였고 이병철의 매형 허순구가 대표이사로 경영을
하였다. 많은 사람들이 긴가민가하는 삼성의 사이다와 오렌지 주스
판매 이야기는 풍국주정에서 생산한 것은 분명하다. 조선일보 1956

년 4월 29일자 광고에 순 설탕제품 삼성사이
다, 순 설탕제품 삼성 오렌지쥬-스라는 광고
가 있다. 이 신문광고가 특이한 것은 사이다
상표에 날개 달린 말을 중앙에 넣고 좌우로
별을 3개 그려 넣었다. 삼성을 의미하는 것임
을 알 수 있다. 회사 이름은 풍국이었지만 제
품 상표는 삼성으
로 하였다.

풍국주정에서 생산한 사이다와 오렌지 주스 신문광고.
〈조선일보 1956년 4월 29일〉

11__가자, 서울로

직관력의 연마를 중시하면서 제2, 3의 대비책을 미리 강구하라.

대구 시장도 좁다. 더 큰 시장 서울로 가자. 마산, 대구를 넘어 이번에는 서울에서 더 큰 사업을 시작하자. 1938년 대구에서 삼성상회 설립 후 약 10년 만인 1947년 5월 서울로 진출한 이병철은 이듬해 전문무역업체인 삼성물산공사를 설립하였다. 무역 거래 대상지는 홍콩 등 동남아, 대상자는 화교 상인이 대부분이었다. 교역품목은 한국인에게 필요한 생활용품 등의 수입과 국내 특산품의 수출이었다.

이병철은 대구 사업장을 정리하고 서울로 갔다. 1948년 11월 종로에 삼성물산공사를 설립하고 본격적인 무역사업을 추진하였다. 〈일러스트 김문식〉

1) 서울에서 삼성물산공사 설립

삼성상회를 삼성물산공사로 회사명을 변경한
1949년 12월 19일 광고. 〈제일모직〉

20세기 중반 홍콩은 영국이
중국으로부터 99년간 조차권
을 가지고 있었던 시기였다.
따라서 자유무역 거래가 가능
한 사회적 조건과 동남아시아
교통의 중심지역으로 지리적
조건까지도 우수하여 무역 중
심지로 번성한 도시였다. 신
해혁명, 항일전쟁, 국공내전
등으로 인해 본토의 많은 중국인들이 홍콩으로 이주를 함으로써 홍콩
의 도시 규모도 급속히 커졌다. 뿐만 아니라 2차 세계대전 이후 영국
본토에서도 이주를 많이 하여 국제무역항으로 비약적인 도시발전을
하였다.

1948년 11월, 이병철은 서울에서 무역을 전문으로 하는 '삼성물산공
사'를 종로 2가 YMCA 건물 인근 영보빌딩 2층에 설립하였다. 회사명
칭에 공사(公司)가 들어간 것은 무역의 주 거래처가 홍콩을 비롯한 마
카오, 싱가포르 등 화교권으로, 이들이 즐겨 쓰는 명칭이다. 이병철은
이러한 국제적 흐름도 잘 알고 있어 홍콩, 화교 상인들과 무역 거래
시 친근감을 가지기 위해서 전략적으로 '주식회사' 대신 '공사' 이름을
붙여 '삼성물산공사'로 회사명을 결정하였다.

2) 서울 혜화동에서 조홍제에게 동업을 제안

이병철은 형 이병각의 오랜 친구인 조홍제를 만나 삼성물산공사 경영에 동업을 요청하였다. 삼성물산공사 초대 사장은 이병철이었고 조홍제는 부사장을 맡았다. 직원은 약 20여명이고 위치는 종로 2가에 1백여 평의 사무실을 임차하여 삼성물산공사 간판을 걸었다.

당시 이병철의 삼성물산공사에는 특이한 운영 방식이 있었다. 회사는 일정한 자본금의 규모를 정하지 않았다. 삼성물산공사 직원이라면 누구나 투자를 하여 이익이 날 경우 배당금을 투자액에 비례하여 공평하게 받을 수 있는 제도를 채택하였다.

이병철이 사원들에게 20% 만큼 출자를 하도록 한 것은 출자자들에게 회사의 이익이 곧 자신의 이익이 된다는 것이므로 서로 분배해서 회사를 키울 수 있도록 유도하고자 함이다. 요즘은 사원들이 회사의 주식을 가지고 있는 일이 일반적이지만 당시만 해도 상당히 파격적인 일이었다. 삼성물산공사는 처음부터 주식회사 체제로 출발하였다. 경영진에는 사장 이병철, 부사장 조홍제, 이사에 허정구가 참여하였다 (조홍제 편. 13회. 조홍제의 제일제당 창업이야기. 3) 진주 거부의 자본투자).

사업품목은 초기에 홍콩, 싱가포르 등 동남아 국가에 오징어, 한천 등을 수출하고 면사를 수입해 국내에 판매하였다. 사업이 확대되자 강철 재료, 일용품 등 취급 품종도 수백 종으로 늘려 나갔다. 특히 면사 수입을 통한 판매 사업은 활기를 띠었고 이익이 높아 사업은 승승장구하였다. 설립 2년 만에 무역업계 최고의 기업으로 성장하였다.

'한국의 재벌 형성사'를 지은 수원대학교 이한구 교수는 "해방 전후 재벌 기업으로 가는 한 가지 방법은 무역업"이라 하였다. 한국은 해방과 6·25 전쟁으로 이어지는 기간에 물자가 절대적으로 부족한 상태였다. 무역 대상은 주로 중국 상인들이었다. 당시 무역업에 대한 허가권은 미군정청에서 관리하였는데, 아편 등 마약만 아니면 무엇이든 허가해 주었다.

해방 직후 1년 6개월여 동안 홍콩, 마카오를 비롯하여 무역 대상 지역도 미국 등 선진국으로 다변화되어 갔다. 무역업계도 삼성물산공사의 이병철과 조홍제를 '주목 받는 기업인'이었다고 소개하였다. LG그룹 창업주 구인회가 부산에 설립한 무역회사 '조선흥업사'도 미군정청으로부터 1호 허가를 받았던 것이 해방 이후인 1945년 11월이다.

삼성물산공사는 상공부에 등록된 543개의 무역회사 중 7위로 급부상, 폭풍성장하였다. 호사다마일까? 이렇게 짧은 시간 승승장구한 삼성물산공사는 6·25 전쟁으로 모든 것을 잃어버리게 된다.

3) 삼성, 작명의 배경에는

이병철이 마산에서 처음 사업을 할 때 상호는 '협동정미소'와 '일출자동차'였다. 그리고 대구로 옮겨 1938년 '삼성상회'를 설립한 후 1941년 '주식회사 삼성상회'로 변경하였다. 그리고 서울로 옮겨 1948년 '삼성물산공사' 그리고 부산에서 1951년 '삼성물산 주식회사' 이름으로 설립하였다. 이 시기 '삼성'이라는 이름을 법인에 적용하였다. 삼성이라는 이름 작명에 대해 이병철의 회고록에서 밝힌 내용이다.

"삼성(三星)의 3은 한국인이 가장 좋아하는 숫자이다. 크다, 많다, 강하다를 상징한다. 즉, 발이 세 개 있는 화로나 삼발이가 달려 있는 모든 기구들은 쓰러지지 않는 특징을 갖고 있기 때문이다. 삼성의 성은 한자 표기 그대로 별을 뜻한다. 밝다, 높다, 영원하고, 깨끗하다, 빛난다는 뜻을 내포한다." 한국인은 숫자 중 3을 좋아하는데 그 이유도 쓰러지지 않는 숫자로 인식하고 있기 때문이다.

이병철은 창업한 기업의 이름을 직접 작명
하였는데 초기에는 '삼성' 이름을 고집하지는
않았다. '제일'과 '중앙'이라는
이름으로 설립한 기업도 몇 개
있다.

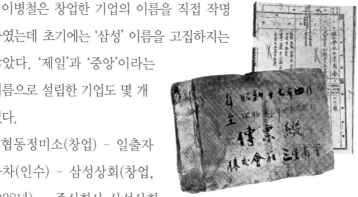

협동정미소(창업) - 일출자
동차(인수) - 삼성상회(창업,
1938년) - 주식회사 삼성상회
(상호 변경, 1941년) - 조선양

소화 17년(1942년) 발행한 주식회사 삼성상회
등기부등본과 전표철(서류 묶음). 〈제일모직〉

조(인수) - 삼성물산공사(창업, 1948년) - 삼성물산 주식회사(창업,
1951년) - 제일제당(창업) - 제일모직(창업) - 한국비료(창업) - 삼
성문화재단(창업) - 중앙일보(창업) - 중앙개발(창업) - 동양방송(인
수) - 전주제지(인수) - 제일합섬(창업) - 제일기획(창업) - 호텔신
라(상호변경) - 중앙엔지니어링(창업) 등은 삼성이 창업한 회사와 인
수회사 일부분이다.

이중 이병철은 회고록에서 제일제당과 중앙일보에 관해 작명 이유
를 언급하였다. 회사명을 '제일(第一)'로 한 것은 '일단 부르기 쉽고,
기억하기 쉽다는 이유도 있다. 하지만 내적으로는 마음속 결심한 무
슨 일이든 제일(최고)이 되자, 한국경제의 제일 주자로 국가와 민족
의 번영에 기여하자의 결의와 일등이라는 큰 기대를 갖는 의미'라고
하였다.

1965년 창간한 일간지 제호를 '중앙일보'로 한 이유는 '중앙의 의미
가 제일 크다'는 뜻을 담고 있어 중앙일보가 사회의 공공그릇으로 크
게 역할을 완수해 주기를 기원한다고 하였다.

1938년 대구의 삼성상회 설립부터 삼성, 제일, 중앙 등의 혼재된 이름으로 사용되다가 1969년 1월 13일 삼성전자 주식회사를 설립한 후에는 신설 회사에 삼성이라는 명칭이 지속적으로 활용되었다.

4) 삼성물산공사와 지수 거부 허만정

① 삼성물산공사 설립에 참여한 함안 출신 조홍제 ② 진주 지수면 출신 허만정, 삼성물산공사 설립때 부터 허만정은 경영과 자본의 참여가 시작된 것으로 추측된다 ③ 삼성물산공사 경영에 참여한 허만정의 장남 허정구.

'삼성물산공사' 여섯 자의 회사 이름과 역사에는 삼성 그룹사의 한 편을 차지하는 두 사람의 경영인이 있다. 훗날 효성그룹 창업주인 함안군 군북면 출신 조홍제와 삼성물산 사장을 지낸 후 삼양통상그룹을 설립한 진주 지수면 출신 효주 허만정(1897~1952년)의 장남 허정구(1911~1999년)이다.

삼성 주요 기업의 인척관계를 보면 이병철과 형 이병각, 그리고 매형인 허순구가 한 축을 이루고 있다. 그리고 동업자 조홍제의 경우 부인과 동생 조성제가 한 축을 이룬다. 그리고 또 다른 한 축을 이루는 분이 허만정과 아들 허정구이다.

이병철이 1951년 1월 11일 부산에서 삼성물산 주식회사를 설립하고 국내 고철을 일본에 수출하여 확보한 달러로 홍콩에서 설탕이나 비료 등을 수입하여 국내 판매를 하였다. 그 후 수입 의존에서 직접 생산을 구상하였다. 회사 내 제조업 사업을 위한 제일제당 사무소를 설치 후 발기인을 모집할 때 허만정의 장남 허정구도 참여하였다.

당시 제일제당 발행주식은 2만주로 주당 액면가격은 1천원이었다. 대주주 이병철과 조홍제 외 허정구, 허순구가 각각 2,000주의 지분을 소유하였다(조홍제 편. 13회. 조홍제의 제일제당 창업이야기. 3) 진주 거부의 자본 투자).

허만정은 삼성보다 앞서 구인회가 1945년 부산에 설립한 무역회사 '조선흥업사'에 자본을 투자하고 3남 허준구를 경영에 참여시켰다.

5) 이병철과 허만정의 동업관계

허만정의 장남 허정구는 보성전문(현 고려대학교) 법학과를 졸업하고 부친에게서 사업자금을 받아 마산에서 방직공장을 운영하였다. 이병철보다 한 살 아래였다. 그 후 이병철이 서울에서 설립한 삼성물산공사와 부산에서 설립한 삼성물산 주식회사에 참여하였다. 그리고 1953년 제일제당 발기인으로 참여하여 상무이사와 전무로 근무하였다. 당시 제일제당 설립자본금의 10% 주식도 보유한 상태였다.

1958년 삼성물산 주식회사 사장을 지낸 뒤 독립하여 1961년 피혁전문 삼양통상을 창업하였다.

허만정의 자본과 경영참여를 살펴보면 먼저 구인회에게 1945년 조선흥업사에 자본과 경영에 참여하였다. 이병철에게는 1948년 서울에서 설립한 삼성물산공사에 허만정의 아들 허정구가 이사로 경영에 참여하였다. 이때 삼성물산공사에 허만정 부자가 자본도 참여하였는지 자료는 확보하지 못하였다. 그러나 제일제당 사업 발기인에는 허정구가 10%의 주식을 가진 주주로 기록되어 있다. 이러한 사실을 근거로 허만정은 구인회와 이병철 두 사람에게 자본을 투자한 것으로 볼 수 있다.

올해 86세인 허순구의 차남 허병천은 "아버지 허순구가 허만정과 집안 친척이다. 어느 날 아버지 허순구와 외삼촌(이병철)이 함께 건강이 좋지 않은 허만정 댁을 방문하였다. 그 후 아버지께서 장남 허정구를 제일제당에 참여하도록 추천하였다"는 육성 회고를 남겼다. 허만정은 안타깝게도 제일제당 완성을 보지 못하고 1952년 56세의 일기로 돌아가셨다.

조홍제 회고록에 제일제당 설립 시 부족한 자금을 진주 거부에게 빌렸다는 기록도 있다. 여기서 진주 거부는 허만정으로 추측된다(조홍제 편 11회. 조홍제, 구인회, 이병철의 씨줄 날줄 인연. 4) 창업주 세 분과 GS그룹 허만정).

6) 회사 이름의 한자 표기

중국에서 사업을 하려면 회사 이름이나 제품 이름이 반드시 중국어로 작명을 한 후 등록을 하여야 한다. 한글 이름이나 영어 이름의 경우 적합한 발음과 뜻이 유사한 중국어를 사용하는, 즉 한자로 된 이름이 필요하다.

현대(現代-시엔다이)와 삼성(三星-산씽), 효성(曉星-시아오싱)은 모두 한자로 회사 이름이 있어 중국에서 그대로 적용된다. LG는 영문 표기 그대로 중국에서 사용하고 있다. 중국에 진출한 이마트(E-MART)의 경우 중국 상표는 이매득(易買得)이다. 이매득의 중국어 발음은 '이마이더'로 '쉽게 살 수 있는' 뜻이다. 이마이더 발음은 이

마트와 발음이 어느 정도 일치하여 작명을 잘한 중국어 이름의 대표로 인용된다.

코카콜라 한자는 가구가락(可口可樂)이다. 가구가락의 중국어 발음은 '커커우커러'로 코카콜라와 유사한 발음이다. 우리 입에 알맞고 즐거운 뜻으로 작명이 잘된 한자 이름 중 하나이다. 한자가 없는 롯데그룹(LOTTE)의 경우 락천(樂天)으로 등록되어 있다. 발음은 러티엔이다. 즐거운 세상의 뜻으로 풀이된다.

12__ 부산에서 삼성물산 주식회사 설립

어떤 일이 발생하면 가슴 아프더라도 빨리 잊어버리는 것이 상책이다.
더 빨리 잊어버릴수록 더 빨리 가능성이 다가온다.

1951년 1월 부산시 동광동에 설립한 삼성물산 주식회사 명패. 〈호암재단〉

이병철의 기업경영 기록에 '조선양조 주식회사'는 아주 중요하고 특별한 사연을 가지고 있다. 지금의 삼성 브랜드 가치는 지구촌 기업 중 가장 상위권이다. 구글, 애플과 비교하여 조금도 부족함이 없는 세계적인 기업이 되었다. 이러한 성장의 시작, 즉 삼성의 씨앗은 대구에서 경영한 '조선양조'라고 평가를 하는 경제학자들의 의견도 있다. 이병철이 술을 만드는 양조장과 국수 사업을 한 것은 이채로운 경력이 아닐 수 없다.

조선양조의 대표 생산품은 고급 청주 월계관을 비롯 삼성소주, 삼성위스키, 삼성포도주 등 9종류로 대한민국에서 유명한 요정 명월관, 국일관 등에 전용 주류로 납품하였다. 1940년대 동아일보와 경향신문에 배너 광고를 할 정도로 판매도 잘 되었고 인지도도 높았다. 기업이 성

장하자 이병철은 더 큰 사업을 위해 서울로 진출하였다. 1948년 서울
에서 삼성물산공사를 설립하고 한국을 대표하는 무역회사로 성장하
였다.

1) 6·25 전쟁과 대구 피란

6·25 전쟁으로 인한 우리 국민의 인적, 물적 피해는 누구나 잘 알고
있다. 이병철의 서울 삼성물산공사도 전쟁의 피해에서 벗어날 수 없
었다. 전란의 와중에 삼성물산공사의 주요 재산이라고 할 수 있는 인
천과 용산에 보관한 수입품 창고의 물품은 티끌하나 남기지 않고 사
라져 버렸다. 전쟁 중이라 어디에 하소연 할 곳도 없었다. 이병철은
전쟁으로 모든 것을 잃었다.

1950년 12월, 이병철은 전쟁으로 인한 심적, 육체적 고통으로 더 이
상 서울 생활하기가 힘든 상황에서 삼성물산공사 전 재산을 정리하고
트럭을 구입한 후 직원과 가족들을 데리고 대구로 피란을 갔다.

당시 대구에는 이병철이 설립하거나 인수하여 경영하던 삼성상회를
비롯 청주를 생산하는 조선양조 주식회사, 그리고 술 재료 효모를 만
드는 조선효모 주식회사가 있었다. 이병철이 피란을 간 대구에서 가
장 먼저 찾은 곳이 서울로 가면서 임직원에게 물려준 조선양조 공장
이었다.

이곳 양조장을 관리 운영하던 임직원을 만나 전쟁터의 서울 삼성
물산공사 근황과 피란 과정, 대구 사업장 이야기를 주고받았다. 전쟁
으로 모든 것을 잃어버리고, 빈털터리가 되어 실의에 빠져 있던 어느
날, 이병철에게 조선 양조장을 관리하던 경영진이 찾아와 3억원을 내
놓았다. 이병철이 서울로 가면서 물려준 조선양조와 대구 삼성상회를

잘 관리하여 막대한 이익을 보면서 비축된 이익금이었다.

이병철은 3억원의 종잣돈이 생기자 1951년 부산에서 '삼성물산 주식회사'를 설립하였다. 이때 3억원의 사업 자금에 대해 기존 전해오는 두 가지 내용에 새로운 자료도 찾게 되어 세 가지를 소개하고자 한다.

2) 첫 번째, 3억원의 창업 자금 이야기

첫 번째 이야기는 호암자전 회고록 내용이다. 이병철이 대구로 피란을 와 '조선양조장'을 찾아간 후 경영진과 나누었던 대화이다.

"사장님, 1947년 이 양조장을 맡기고 서울로 가신 후 저희들이 최선을 다하여 경영하였습니다. 3억원 정도의 이익금이 비축되어 있습니다. 이 돈은 사장님 돈이나 다름없습니다. 이 돈을 종잣돈으로 다시 한 번 사업을 시작하시기 바랍니다."

3) 두 번째, 3억원의 창업 자금 이야기

두 번째 이야기는 호암재단에 기록된 내용이다. 호암자전의 내용과 조금 다르게 설명하고 있다. "6·25 전쟁으로 서울 삼성물산공사는 보세창고에 쌓아두었던 수입물품을 도난당해 큰 곤경에 처했다. 그러나 대구 조선양조는 몰려든 피란민으로 인해 판매가 더 잘 되었다. 그러나 국군이 지키던 대구도 더 이상 안전하지 않자 직원들은 그동안 번 돈을 안전하게 보관하기 위해 궤짝에 3억원 가량의 돈을 담고 서류뭉치로 위장하여 부산의 지인에게 맡기기 위해 자동차에 실어 보냈다. 도중에 돈 궤짝이 행방불명되었다. 그렇게 한 달이 지난 어느 날 운전기사가 돌아와 그 과정을 설명하였다. 운전기사는 부산으로 이동 중 미군에 강제 징집되자 길가의 정미소에 돈 궤짝을 감춰두었다. 현장을 찾아가 불타 버린 정미소 잿더미 속에서 궤짝을 찾아 살펴보니 돈은 그대로 있었다고 했다. 이병철은 이 돈을 종잣돈으로 삼아 부산에서 1951년 1월 삼성물산 주식회사를 설립할 수 있었다."

4) 세 번째, 3억원의 창업 자금 이야기

세 번째 이야기의 자료는 이병철의 매형 허순구 회고록에 기록된 내용을 인용하였다. "6·25 전쟁으로 인민군이 경북 왜관까지 왔을 때 허순구는 아들 병기(장남)와 병천(차남)을 데리고 조선양조장이 보유한 현금을 물엿 양철통 20여개에 나누어 담았다. 그리고 밀봉한 후 방부처리하고 안채 마루 밑에 묻어 두었다. 1950년 12월 대구로 피란 내려온 이병철은 생질 허병기(허순구의 장남, 3회 이병철과 지수초등학교 참고) 집에 임시 거주하였다. 허순구와 허병기는 마루 밑에 숨겨 두었던 돈을 찾아내어 외삼촌 이병철에게 사업 자금으로 제공하였다."

5) 부산에서 조홍제와 삼성물산 주식회사 경영

이병철은 마산에서 조홍제를 만나 다시 사업을 재개하자고 한 후 1950년 12월 15일 회사설립 발기인 총회를 부산시 동광동 3가 3번지에서 개최하였다. 그리고 이듬해 1951년 1월 11일 삼성물산 주식회사를 설립하였다. 조홍제와는 서울에 이어 부산에서 두 사람의 동업은

삼성물산(주)는 전쟁 후 정부의 승인을 받아 일본에 고철을 수출하여 회사의 자립에 많은 도움이 되었다.

다시 연결되었다.

삼성물산 주식회사 첫 사업품목은 고철을 수집하여 일본에 수출하는 것이었다. 일본은 2차 세계대전으로 패망 후 한창 복구 사업이 진행 중이라 고철과 쇠붙이 등을 많이 수입하고 있었다. 일본에 고철을 수출하고 받은 돈으로 홍콩에서 설탕과 비료를 수입하여 국내 판매를 하였다. 전쟁 중이라 물자가 부족해져 수입품 판매가 잘 되었다.

6) 부산 국제시장에 수입 설탕 판매

당시 부산에서 가장 큰 전통 시장은 국제시장이었다. 1945년 광복이 되자 일본인이 남긴 물건, 해외 동포들이 귀국하면서 가져온 물건, 무역물품, 밀수물품 등을 판매하기 위해 하나 둘 모여 좌판을 벌인 것이 상설시장으로 변모되었다.

1950년 이후에는 해외 물자들이 부산항을 통하여 반입되고, 군용물자를 비롯하여 미군 부대에서 흘러나온 물건까지 취급하여 '깡통 시장'이라는 별칭도 갖게 되었다. 삼성물산에서 수입한 설탕도 이곳 시장을 통해 전국으로 공급되었다. 당시 삼성의 수입설탕을 전담하여 도매판매를 한 분이 '설탕 왕'으로 불리는 '이양구'이다. 이양구는 서울 남대문시장에서 설탕과 밀가루 등을 전문으로 하는 식품 유통 사장으

6·25 전쟁으로 생필품이 부족한 시기 설탕과 면사 수입은 많은 이윤을 남길 수 있는 품목이었다.

로, 훗날 초코파이로 유명한 동양제과(오리온제과)를 설립하고 동양그룹까지 성장시켰다.

7) 제조업을 하자, 제일제당 설립

전쟁이 끝나지 않은 어려운 여건이었지만 고철 수출과 홍콩에서 수입한 설탕의 국내 판매 호황으로 삼성물산(주)는 또다시 한국을 대표하는 무역회사로 성장하였다. 하지만 이병철은 회사의 성장을 즐겁게만 받아들이지 않았다.

"국민이 일상생활에 사용하는 제품을 수입에 의존한다는 것은 일시적으로 해결이 되어도 근본적인 해결책이 되지 않는다. 그리고 이것은 외국의 물건을 사는 것이고, 우리가 외국제품을 소비하는 외화 낭비이다. 국가와 사회발전에 크게 기여할 수 있는 사업을 하자. 우리도 수출하거나 우리 손으로 우리 국민이 사용할 제품을 만들어야 한다. 이것이 한국이 사는 유일한 길이다."

이병철은 새로운 사업을 모색하고 최종 결심을 한다. '제조업을 하자!'

13__ 부산에서 제일제당공업
주식회사 설립

마음속 실패의 불안을 가지고 시작하면 전력투구를 못하게 된다. 배수진을
치고 백척간두에서 시행하여도 장애가 다가오는데 출발부터 의심하고 망설이
면 될 일도 안 되는 법이다.

이병철은 회고록 '호암자전'에서 왜 제조업을 하게 되었는지 분명하
게 밝혔다. "국민들이 매일 사용하는 제품을 수입에만 의존하면 국가
경제의 자립이나 경제발전을 가져올 수 없다. 제조업을 통한 국내 산
업이 확산되어야 한다. 국산품 제조를 통해 가격은 저렴하고 품질이
좋은 상품을 안정적으로 공급할 수 있어야 한다. 제조업이 설립되면
지역 경제에도 도움이 되고 많은 일자리를 만들 수 있다. 그리고 기술
축적으로 경제와 산업 활동의 발전에 이바지할 수 있다."

이병철은 6·25 전쟁이 끝
난 후 한국 사회에서 어떤
물건을 생산할 것인가를 결
정하기 위해 제조업 실태
에 관해 사전 조사에 들어갔
다. 종이 생산의 제지 분야,

1967년 5월 부산에서 개최된 부산산업전람회 풍경.
제일제당, 말표 고무신, 도라지 위스키 등 추억 속 제품
광고가 눈에 띈다. 〈제일제당〉

항생 물질의 제약 분야, 생필품의 설탕 분야가 주요 검토 대상이었다.

이 세 가지 종류는 한국 내에서 생산시설이 전무한 상태였다. 구체적으로 설탕, 페니실린, 종이로 압축되었다.

종이 소비는 국민 문화 수준의 평가이고, 의약품은 국민 건강의 필수 제품이며 설탕은 국민 식생활의 필수품이다. 이 중 어느 것을 선택할 것인지를 고민하였다. 이 시기 한국 경제의 현실은 자본과 경영, 기술의 문제로 인하여 생산 시설을 설립하지 못하는 환경이었다. 적지 않은 어려움과 난간이 있었다. 이병철은 세 가지 물품 중 하나를 결정하여 국내에서 생산하기로 결심한 후 이 분야에 앞선 기술력을 가진 일본의 기업에 자문을 구하였다.

1) 설탕, 페니실린, 제지업 중에서 하나를

일본의 미쓰이(三井)물산에 설탕, 페니실린, 종이를 생산하기 위한 공장 건설 비용과 설비 비용을 산출해 달라고 요청하였다. 그 결과 세 종류 중 제약 분야의 페니실린은 가장 유망해 보이는 사업이었으나 생산에 필요한 기술을 습득하기가 만만치 않았다. 제지업 역시 그러했다. 결국 이병철은 국민이 매일 먹어야 하는 식

1953년 첫 생산된 설탕을 포대에 넣고 바느질로 마무리 손질을 하고 있다. 〈제일제당〉

품에 비중을 두어 제당 제조업 즉, 설탕을 택했다.

설탕은 원당이란 액체를 가공하여 생산하는 것으로 고도의 기술을 요하는 것도 아니었다. 원당이 원조 물자로 국내에 대량 공급되고 있

1953년 최초로 생산된 설탕. 마름모속의 CS는 제일제당 상표로 Cheil Sugar의 약자이다. 〈제일제당〉

었고, 당시 설탕은 종이와 페니실린보다는 단기간에 생산해 낼 수 있다는 장점이 있었고 생활에 필요한 먹는 것으로 필수적인 물품이다. 그리고 설탕 수요는 나날이 늘고 있었으나 설탕을 만드는 공장은 한 군데도 없었다. 마침 정부의 수입 대체 공업화의 기업 활동 지원 정책도 실시되어 여러 가지 상황을 고려한 결과 이병철은 설탕 제조업을 결정하는데 망설이지 않았다.

2) 창업 당시 제일제당 경영진

이병철은 1953년 4월, 부산대교 옆에 있는 삼성물산 주식회사 사무실 한쪽에 제당회사 설립을 위한 사무소를 설치하였다. 발기인을 모집하고 분주하게 인허가 기관을 찾아다녔다. 1953년 8월 1일 '제일제당공업 주식회사'를 설립하였다. 공장 부지는 전포동 742에 1,500평 규모를 확보하였다. 주주는 이병철 27.5%, 조홍제(효성그룹 창업주) 15%, 허순구(이병철 매형)와 허정구(구인회 기업에 투자한 허만정의 장남)가 각각 10%씩 주식을 보유하였다.

제일제당이 설립된 1953년 8월부터 1960년 11월까지 초대 사장은 이병철이었다. 조홍제는 줄곧 부사장으로 있다가 이병철의 뒤를 이어 1960년 11월부터 1962년 11월까지 2대 사장을 하였다. 허만정의 장남 허정구는 1953년 8월부터 1955년 5월까지 상무이사로,

1958년 5월 제일제당에서 생산한 삼성표 밀가루. 〈제일제당〉

1955년 5월부터 1960년 11월까지는 전무로 근무하였다. 설립초기의 감사는 조성제였다. 설립 때부터 1955년 10월까지 근무하였는데 여러 자료로 볼 때 조흥제의 동생으로 추측된다. 이병철의 매형 허순구는 1955년 5월부터 1962년 2월까지 감사를 지냈다.

1965년 4월 제일제당 설탕 신문 광고. 당시 600g 소매가격이 68원이다. 〈제일제당〉

3) 삼성제당이 아닌 제일제당으로

이병철은 제조업을 처음으로 시작하면서 회사명을 '제일제당공업주식회사'로 하였다. 제일제당 사업 목적은 (1) 정당 제조 및 가공 판매 (2) 수출, 수입업 (3) 이와 관련 사업투자 및 부대사업 일체였다. 그런데 이병철은 회사 이름을 '삼성제당'이라 하지 않고 '제일제당'으로 작명한 이유를 설명하였다.

첫 번째, 제일이라는 이름이 알기 쉽고, 부르기 쉽다는 이유이다.

두 번째, 제일(第一)이라는 한자의 뜻은 제일 앞선, 첫 번째라는 뜻이다. 제일제당은 한국에 최초로 설립된 생산 공장이다. 첫 번째 사업이 아니라 제품을 비롯한 모든 것에서 첫 번째가 되자는 의미가 포함된 것이다.

공장이 완성되고 첫 순백의 정제당이 쏟아져 나온 날이 1953년 11월 5일이다. 이병철은 이 날을 제일제당 창립 기념일로 제정하였다.

4) 제일제당 얼굴 백설표 탄생

한국 최초의 설탕공장 제일제당이 생산하기 전까지 설탕은 전량 수

제일제당의 대표 브랜드 백설표의 다양한 디자인.
〈제일제당〉

입에 의존하였다. 설탕은 일상생활 필수용품으로 생산을 시작하자마자 판매는 대성공이었다. 공급이 수요를 따라가지 못하였다. 이 시기를 전후로 삼백 경기, 삼백 산업의 활황기라고 한다. 삼백 산업이란 세 가지 흰색과 관련된 사업으로 제당, 제분, 면방직이다.

제일제당은 삼성이 근대 생산 기업으로 면모를 갖추어가는 첫걸음이자 상업 위주에서 시작한 기업 운영이 산업 자본으로 전환되는 한국 경제사의 주요한 시발점이기도 하다. 하지만 1958년 이후 제당 시장은 공급 과잉 상태에 이르게 된다. 정부의 수입대체 공업 육성 정책으로 1954년 동양제당, 한국제당, 1955년 삼양사, 1956년 금성제당, 해태제과, 대동제당 등 여러 기업이 설탕제조 공장을 설립한 것이다. 이들 공장은 제당 시장의 활성화에 기여하였지만 한편으론 경쟁 체제를 불러와 공급 과잉 현상이 발생하였다.

이런 경쟁 속에서 제일제당은 설탕 중심에서 벗어나기 위해 사업 다각화를 시도하였다. 1956년 4월, 포항 구룡포의 통조림 공장을 인수하였고, 1957년 10월에는 제일제당 공장 안에 밀가루를 만드는 제분

제일제당이 생산한 밀가루 상표. 〈제일제당〉

공장을 설립하여 1958년 4월 삼성, 월세계, 미인의 상호를 붙이고 생산 판매하였다. 1965년 4월에는 제일제당 생산품인 설탕, 밀가루, 조미료 등에 '백설표'라는 공통 브랜드를 붙였다.

5) 백설표 주세요, 다시다 주세요

1965년 제일제당 생산품 대표 브랜드로 '백설'이 지정되었다. '백설'은 제일제당에서 생산하는 설탕의 상표이기도 하다.

"설탕주세요."

"어떤 회사제품 설탕을 드릴까

1970년대 제일제당에서 생산한 멸치 다시다 등 각종 조미료. 〈제일제당〉

요?"가 일반적인 대화인데 "백설표 주세요"하면 상점 주인은 제일제당 설탕을 손님에게 내주었을 정도로 유명 제품이 되었다.

1975년 11월, 제일제당에서는 조미료 '다시다'를 출시하였다. "조미료 주세요" 대신에 "다시다 주세요." 맛을 낼 때는 "다시다 좀 넣어라"라고 할 정도로 다시다는 조미료의 대명사가 되었다. 제일제당은 1953년 설립된 제일제당공업 주식회사를 전신으로 한다. 1993년 삼성그룹에서 법적 분리되어 1996년 제일제당그룹으로 출범하였다.

2002년 그룹 명칭을 제일제당 영문표기인 'CJ(CHEIL JEDANG)그룹'으로 변경하였다. 이병철 회장의 장손이 경영하고 있다.

14__ 대구에서 제일모직 설립

요리에도 장인 정신이 필요하다.

자기가 하는 분야에 최고가 되겠다는 마음을 잊으면 안된다.

제일제당과 제일모직 설립 후 한국 사회에서 이병철에게는 거부, 한국 최초의 재벌, 한국 제일의 기업가 등 여러 이름이 붙여졌다. 특히 돈이 많음을 비유하여 '돈병철'이라는 애칭도 생겨났다. 예를 들어 친구들끼리 대화 중 돈을 많이 지출하면 "네가 돈병철 아들이냐? 이렇게 많은 돈을 사용하게." 그리고 경제적으로 넉넉하지 못한 분들도 하루 일을 끝내고 따뜻한 한 끼 식사나 막걸리 한잔 마신 후에는 "돈 많은 이병철도 부럽지 않다"는 자기 위로 등, 돈 이야기에는 늘 이병철을 인용한 대화가 많았다.

1) 돈병철, 국민들에게 희망을 준 의미도 있어

이러한 표현은 듣는 분의 입장에 따라 해석은 다를 수 있지만 필자는 결코 나쁜 의도를 가진 것은 아니라고 판단한다. 당시의 사회 분위기로 볼 때 이병철을 비꼬는 의미가 아니라 서민들도 "너도 노력 해

봐라, 돈 많이 벌어라", "나도 노력하면 부자가 될 수 있다." 등 긍정의 의미와 자기 격려를 위한 자문자답, 자기 위로라고 생각한다. 인터넷은 고사하고 신문 보급도 원활하지 않던 시기에 돈병철 이라는 별칭이 전국적으로 유행어가 되었으니 그 만큼 이병철의 존재는 높았다.

이병철은 회고록에서 "기업을 경영하다 보면 어느 한 가지를 성공시키고 또 다음 사업을 구상하여 그것을 실현시킨다. 그리고 새로운 기업을 단계적으로 일으켜 나가면 더 없는 창조의 기쁨을 가진다."고 하였다.

제일제당이 안정적으로 정착하자 이병철은 또다시 창업을 통한 창조의 기쁨과 국민 복리를 위한 다음 사업을 구상하였다. 이번 구상은 국가와 사회 그리고 국민들의 실생활에 무엇이 필요한지 폭넓게 한국 경제의 현장을 조사, 분석하면서 사업 대상을 찾았다. 인간 생활에 가장 기본적인 필수요건 세 가지는 의, 식, 주이다. 제일제당이 먹는 사업(食)이었으니 이제 입는 사업(衣)에 관심을 가져보자.

전쟁의 폐허 속에서도 한국경제는 점진적으로 성장하였다. 광목, 밀가루, 설탕 등의 생필품은 비교적 호황을 누렸다. 그러나 면방직은 일제강점기 이전부터 시작되어 어느 정도 기술력이 축적돼 있었지만 모방직은 면방직과 비교할 수 없을 정도로 기술이 전무한 상태였다.

2) 대구에 설립한 제일모직 공장

'정갈한 복장은 가장 좋은 소개장이다. 아름다운 옷은 누구나 문을 열게 한다'

이병철은 값싸고 질 좋은 옷감을 생산하여 국민 모두가 좋은 옷을 입을 수 있

1955년 완공 후 1995년 구미로 이전하기까지 제일모직은 40년간 대구 경제의 중심이었다. 〈제일모직〉

대구 제일모직 공장 터는 대구 삼성창조경제단지와 대구 창
조경제혁신센터, 대구 오페라하우스 등으로 새롭게 변화되었
다.〈대구시청〉

도록 모방직에 진출하기로 결정하였다. 1954년 9월, 대구 북구 침산동에 7만여평 공장 부지를 확보한 후 '제일모직공업 주식회사'를 설립하였다. 공장은 설립 당시 도시 외곽이었지만 도시의 팽창으로 대구시 중심지가 되었다. 이로 인해 공장의 입지 환경이 좋지 않아 이곳은 대구 오페라하우스, 삼성상회 복원건물 등 여러 가지 복합시설이 있는 '삼성창조경제단지'로 탈바꿈되었다.

1956년 5월, 제일모직에서 생산한 골든텍스가 세상에 첫선을 보였다. 영국산 복지 수입품 한 벌 값이 봉급생활자 3개월분 급료와 맞먹는 6만환이었다. 그러나 제일모직은 1/5 수준인 1만2천환 임에도 국산품에 대한 불신에서 쉽게 벗어날 수 없었다. 위기에서도 당황하지 않고 절묘한 해법을 찾는 이병철은 기술진을 독려하고 품질 향상에 주력하면서 때를 기다렸다. 이러한 노력은 마침내 정부의 수입품 규제와 국산품 애용 정책 등으로 판매의 위기를 극복할 수 있었다.

1957년 10월 26일 이승만 대통령이 제일모직 공장을 방문하였다. 제일모직의 노력으로 대한민국의 국민이 좋은 국산 양복을 입게 되었다고 감사함을 표시하고 '의피창생'(依被蒼生, 옷이 새로운 삶을 만듦)이라는 휘호를 남겼다.

골든텍스 양복지 광고.

3) 제일모직 브랜드 골드와 장미

제품이 출시된 후 소비자가 쉽게 기억할 수 있는 상품 작명을 하였는데, 일본인 하야시 고문이 모든 제품에 '골드(GOLD)'를 붙이자 하였다. 그렇게 하여 골든텍스 VIP, 골든텍스 프레지던트 등 당시 최고급을 의미하는 'GOLDEN TAX' 시리즈가 탄생되었다.

제일모직이 생산한 골든텍스의 거리 광고물. 〈제일모직〉

이병철 회장이 가장 좋아하는 꽃은 장미이다. 제일모직 생산 제품 직매장을 개설하기 위

장미회 회의 장면. 〈제일모직〉

해 1958년에 설립한 회사가 '주식회사 장미라사'이다. 제일모직 사화도 장미이다. 수편모사 브랜드 이름도 장미(ROSE)라 붙였다. 1961년 2월에 결성된 친목 단체 이름도 '장미상조회'이다.

제일모직은 1957년 12월, 최초로 공개 채용을 거쳐 1961년 단일 공장의 직원수가 1,400여명으로, 남한 제일의 회사로 성장하였다.

4) 삼성 비서실 탄생

1958년 삼척시멘트, 안국화재, 상업은행, 1959년 조흥은행 등 몇 개의 회사를 인수 및 설립한 후 조직 구성의 개편을 통해 '비서실'을 두었다. 비서실은 삼성이 창업한 회사와 인수한 회사를 총괄 관리하였다.

권경자 박사의 저서 '유학'에서 "삼성비서실은 삼성물산 내에 있는

'○○과' 조직 중 하나로 1959년 5월 1일 20여명의 인원으로 출발하였다. 1998년에는 구조조정본부로 명칭이 변경되었고, 2006년에는 전략기획실로 바뀌었다. 주요 기능은 인사, 기획, 감사, 재무, 홍보 등이다.

2008년 4월 22일 이건희 회장이 전략기획실 경영 쇄신안을 발표함으로써 지난 50년간 막강한 힘을 발휘하였던 삼성의 비서실은 기록 속으로 사라졌다."고 삼성그룹 비서실을 설명하였다. 1953년 제일제당 설립, 1954년 제일모직을 설립한 후에도 이병철은 대외적으로 사장이라는 직함을 사용하였다. 이병철은 경영하고 관리하는 회사의 숫자와 규모가 계속 커지자 1962년 5월부터 제일모직 사장 이병철 호칭에서 제일모직 회장 이병철 직함을 사용하였다.

이 시기를 기점으로 단위 회사의 경영이 그룹 경영으로 범위가 넓어지면서 '삼성그룹'의 골격도 갖추어 나갔다. 자연스레 이병철에 대한 호칭도 단일회사 회장이 아닌 그룹 회장 명칭과 그룹 경영 체제로 기반을 다져 나갔다.

5) 제일모직은 삼성의 사관학교

제일모직 창립 초기 독일로 기술 연수를 갔던 이병철의 형 이병각의 큰 사위인 조필제 전 동서커피 사장의 회고록(이병철 편. 2회. 이병철의 서당 가는 길과 한학공부)에는 "제일모직은 삼성그룹의 일반 기업과 달리 삼성의 사관학교라 부른다. 관리 능력, 조직 능력 등 삼성맨 양성 기업문화를 선도하는 회사였다. 제일모직 직원이 다른 계열사로 전출하여 제일모직의 우수한 관리 능력 시스템을 전파하는 등 오늘날 삼성을 만든 원동력"이라고 하였다.

그리고 "1966년부터 제일모직은 사원과 공원으로 구분하던 호칭을

없애고 현장 생산 직원도 공원 대신 모두 사원으로 불렀다. 이병철은 직원의 복지에 각별한 관심을 가지면서 2천여명의 직원이 근무할 수 있는 최신 시설의 기숙사도 지었다. 공장 시설과 환경이 너무 좋아 '제일대학 캠퍼스'라 불릴 정도였다."

조필제 사장은 이병철 2편에 간략하게 언급하였지만 이병철의 조카사위이다. 조필제 아버지와 이병철의 형 이병각은 마산에서 양조장을 공동 경영한 기록도 있다. 이 양조장이 훗날 무학소주 창업주이신 최위승 무학그룹 회장과도 연결된다. 그리고 최위승 회장의 회고록 '포기는 없다'에 이병철 삼성그룹 회장과의 만남 과정에 대한 기록도 있어 참고 자료가 되었다.

6) 제일모직 월급날은 논, 밭 사는 날

당시 대구의 제일모직 여직원은 함안, 의령, 창녕 출신들이 많았다. 회사가 건실하여 월급도 많았다. 딸들이 월급을 받아 고향 부모님에게 보내면 꼬박꼬박 저축하여 주변에 땅을 사는 바람에 다른 지역보다 농토가격이 비쌌다고 한다. 제일모직에 합격자가 나오면 동네 입구에 '누구누구 집 둘째 딸 제일모직 합격'이라는 축하 현수막을 붙일 정도였다. 그 당시 제일모직 입사 경쟁률이 평균 50대1 정도였다. 1959년은 야간 통행금지가 실시될 때였는데, 제일모직 작업복을 입은 사람은 경찰도 잡지 않았다고 한다.

명실상부한 부산의 금성사, 대구의 제일모직이 한국을 대표하는 기업으로 인식된 시기이다.

15__ 비료공장 설립과 4·19

메모하라. 최고의 기억력은 연필과 노트이다.

규모가 큰 기업을 여러개 가지고 있으면 우리는 기업 집단, 그룹, 또는 재벌기업이라고 한다. 재벌이라는 표현은 제2차 세계대전 이전 일본 경제를 지배하던 대기업을 집단으로 지칭하는 표현이다.

한국은 해방과 한국 전쟁의 과도기를 거쳐 1950년대 중반까지 국가가 소유나 권한을 가지고 있던 국유재산, 귀속재산, 원조물자 배정, 정부발족 사업 등을 민간기업에 이양하였다. 이때 그 분야에 관련 있는 회사나 자본, 경영 능력이 되는 회사가 참여하여 불하 받은 후 막대한 이익을 창출한 기업가의 집단을 재벌이라고 하였다.

정치와 경제가 유착하여 비정상으로 이루어진 형태로 보는 시각도 많았다. 국가는 경제정책을 통하여 국민 복리를 위한 성과를 거둘 수 있었기에 1961년 5·16 이후 한국 사회는 삼성을 비롯 삼호, 개풍, 대한 그룹 등 많은 기업가 집단인 재벌이 탄생되었다.

이병철은 "나는 새로운 사업을 할 때 적극적이고 열의를 다한다. 새로운 일을 한다는 것, 창조한다는 것이 그렇게 재미있다"고 하였다.

이병철은 사업의 구상, 분석, 경청, 기획, 실행, 완성 등의 단계별 과정을 중요하게 여겼고, 이 분야에 하늘이 준 남다른 재능과 감각을 갖고 있었다. 자료 수집과 분석 그리고 학습 과정도 중요시 하였지만 이 중 가장 중요하게 여기는 것이 전문가 의견을 듣는 것이었다. 이것이 이병철의 '경청론'이다. 전문가란 말 그대로 그 분야의 남다른 식견과 지식을 가진 전문인이기에 이병철은 전문가의 의견을 자주 듣는 것을 중요시하였다.

1) 의령에서부터 꿈꾸던 비료 공장

1936년 이병철은 아버지로부터 쌀 300석(섬)을 수확하는 규모의 농토를 받아 사업 밑천으로 출발하였다. 그 후 사업이 번창하여 수백만평의 농지를 소유하면서 농촌과 농업에 대한 관심도 가졌다. 이병철은 "농업으로 경제를 일으키고, 농업으로 농촌과

1960년 이병철은 한국 사회에 필요한 비료 공장 설립 계획을 수립하였다. 〈일러스트 김문식〉

농민을 위한 일을 하자. 그것은 비료 공장을 한국에 설치하여 우리 손으로 비료를 생산하는 것이다. 자급자족만이 우리 농촌의 가장 시급한 문제 해결의 하나이다"라고 생각하였다.

당시 비료는 전량 수입에 의존하고 있었고, 원조 자금에 의한 수입 품목 중 가장 많은 금액을 차지하였다. 1955년에 착공된 충주비료 공장, 1958년에 착공된 나주비료 공장 등이 있었지만 이 두 공장에서 생산되는 물량으로는 한국 농촌 비료 사용의 1/10의 규모 밖에 감당할

수 없었다.

이병철이 생각하는 비료 공장 생산 규모는 35만톤으로 세계 최대규모 공장이었다. 비료 공장 건설 계획을 수립하고 필요 예산을 보고받았다. 이 정도 규모의 공장이라면 대한민국 연간 원조 금액의 1/5에 해당하는 5천만달러가 필요하였다. 이병철은 자력으로 비료 공장 설립에 역부족이라는 한계를 느끼지 않을 수 없었다.

2) 첫 번째, 비료 공장 설립 기획서 정부에 제출

이병철의 생각 속에는 한국에 비료 공장을 세워야 하는데 어떻게 하면 방법이 있을까? 하는 고민뿐이었다. 시간이 흘러 1960년, 신정 연휴를 일본에서 보내고 있던 이병철은 특집 방송 경제 전문가 좌담회를 시청하였다. "미국의 원조로 성장한 선진 국가는 GNP의 1%를 원조나 차관 형태로 후진국에 제공하여 미국의 원조 부담을 분담해야 한다"는 내용이 주요 요지였다. 이병철은 이 특집 좌담회에서 힌트를 얻고 곧바로 귀국하여 이승만 대통령 면담을 신청하였다. 그리고 대통령을 만나 유럽으로부터 차관을 통해 국제 수준의 현대적인 대규모 비료 공장을 건설하겠다는 설명을 하였다.

이승만 대통령은 만성 인플레이션에 헤매는 한국 경제의 변화를 위해 반드시 비료 공장 사업을 성공시키라고 격려하면서 외국 차관 승인 결재를 해주었다.

1960년 2월, 이병철은 먼저 서독으로 가서 차관에 대한 협상을 하였다. 한국 정부의 신뢰, 이병철에 대한 신뢰 등으로 차관 협상은 쉽게 성사되었다. 그리고 이병철은 기계를 도입하기 위해 세계적인 비료 회사를 보유한 이탈리아로 찾아가 기계 도입과 관련한 차관 문제도 가볍게 마무리 지었다. 단숨에 서독과 이탈리아에서 차관 성사가 되자 비료 공장 설립은 반드시 성공할 수 있다는 기대감을 가지지 않을 수가 없었다.

3) 4·19 혁명과 이병철

호사다마일까? 이병철이 외국에서 열심히 활동하는 동안 한국에는 4·19 혁명이 일어났다. 이승만 대통령이 물러나고 허정 과도정부가 들어서면서 한국의 정치상황이 급변한 것이다.

1960년 4월 19일 계엄사령부 설치 공문에 친필 '가만(可晩)'이 보인다. '가(可)'는 결재승인을, '만(晩)'은 이승만의 끝 이름을 뜻한다. 〈대통령기록관〉

차관 약속도 받는 등 순조로운 첫발을 보였던 비료 공장 건립이 한국의 정치 문제로 무산되지 않을까 걱정이 되었다.

마지막 차관 교섭 대상지인 미국 세계은행으로 갔는데 우려가 현실이 되었다. 미국은 한국이 4·19로 정치적 혼란이 발생하자 상환 능력이 우려되어 차관을 꺼리는 것이었다. 이병철은 오직 하나 공장을 지어야겠다는 신념 때문에 모욕을 참아가면서 불리한 조건도 받아들이며 차관을 성사시켰다.

허정 과도정부와 민주당 정권이 사회를 수습하려 하였지만 혼란은 지속되었다. 정치 변화로 정상적인 경제활동이 이루어지지 않는 시간

이 연속되었다. 설상가상으로 당시 삼성은 삼성물산, 제일제당, 제일
모직을 주력으로 하는 삼성 기업 경영구조에서 20개가 넘는 계열사를
가지고 있었는데, 이중 15개 기업체가 모두 탈세 혐의로 조사까지 받
았다.

삼성의 계열사가 증가한 것은 1950년대 후반 시중은행 민영화 추진
으로 4개의 시중은행 최대 주주가 되면서 사업의 다각화로 인한 결과
였다.

은행 부채가 많거나 경영실적이 저조한 부실기업은 은행이 관리하
였다. 이병철은 회생 가능성이 있거나 시장 진출 성공 가능성이 높은
기업을 인수, 경영에 참가하였다. 1950년대 후반 삼성이 설립하거나
인수한 주요 회사는 다음과 같다. 1957년 한일은행, 동양제당, 천일증
권 인수, 1958년 삼척시멘트, 안국화재, 상업은행, 한국타이어, 동일
방직 인수, 그리고 제일모직 생산제품 직매장인 주식회사 장미라사와
무역업체인 근영물산을 설립하였다. 1959년에는 조흥은행을 인수 하
였다.

4) 삼성그룹의 시련

1960년 3·15 부정선거로 4·19 혁명이 발생하였다. 이승만 정권은 전
국에 계엄령을 선포하고 권력 유지에 안간힘을 썼지만 결국 하야하고
말았다. 새롭게 들어선 과도정부는 1960년 4월부터 6월까지 약 50일
동안 부정축재 기업인들을 발표하고 그 대상자에게 지난 5년간 탈세
에 대한 벌금을 면제해 줄 테니 자진신고를 하라고 유도하였다.

삼성은 6개 업체에 50억환 정도의 추징금을 통보받았다. 혼란스러
운 정치 시기에 이병철은 더 이상 항의하지 않고 정부의 방침에 따르

기로 결정하였다.

　한편, 이병철은 한국의 경제, 한국의 농촌을 위해 비료 공장 설립이 중단되어서는 안 된다는 강력한 의지를 과도정부 기관에 전달하고 공장 설립 계획서를 제출하였다. 훗날 드러난 일이지만 이 서류는 과도정부의 어느 곳에도 존재하지 않는 행방불명이 된 상태였다.

〈1960년 기준 삼성그룹 관계회사〉

직영기업	관계기업		금융계열
조선양조	풍국주정	동일방직	안국화재
삼성물산	효성물산	호남비료	한일은행
제일제당공업 - 구룡포통조림공장 - 한국정당판매	근영물산	극동제분	천일증권
	동양제당	동양대리석	상업은행
	한국기료	삼척시멘트	조흥은행
제일모직	한국타이어	삼강유지화학	

16_ 5·16과 한국비료 공장

인내는 일을 지탱하는 자본이며 희망을 갖는 기술이다.

1961년 5월 16일 군사정변이 일어났다. 빈곤에서 벗어나고 부정 부패를 추방한다는 명분으로 군사정부는 5월 29일 한국을 대표하는 경제인 11명을 부정축재 혐의로 구속시키는 등 초긴장의 정치 분위기가 되었다. 이 시기 이병철이 일본에 있어 귀국을 하지 않자 국내에서는 부정축재 혐의가 수습되지 않았다.

경제 재건의 필요성을 인식한 군사정부는 이병철에게 여러 가지 신변 약속을 하고 귀국을 요청하였다. 마침내 1961년 6월 26일 이병철은 한국행 비행기에 올랐다. 김포공항에 도착 하자마자 비행기 안까지 관계자가 들어와 이병철을 명동에 있는 메트로호텔로 데리고 갔다. 다음날 관계자의 안내로 지금의 원호처 청사가 있는 참의원 건물 내 박정희 최고회의 부의장실 부속실로 안내되었다.

1) 이병철과 박태준의 만남

부속실에서 이병철을 맞이한 분은 박정희 부의장 비서실장인 박태준으로 훗날 포항제철 회장과 국무총리를 지낸 분이다. 박태준의 회고록에 나온 이병철과의 첫 만남 내용이다. "부정축재 혐의로 몰려 일본에서 귀국 시기를 조절하면서 기다렸다는 분이 그런 정황과는 반대로 무슨 훈장을 받으러 온 듯 의연하고 당당했다. … 경제를 발전시켜 국가와 국민을 구하겠다는 혁명이 기업인의 자유로운 활동을 보장해 주어야 한다. 돈 버는 기업인을 죄인 취급하면 국민에게 일시적으로 환심을 살 수 있으나 경제는 발전시킬 수 없다. 서슬 퍼런 국가 최고 권력자 앞에서 누구도 섣불리 꺼낼 수 없는 말을 하였다."

이병철과 박태준 두 사람은 일본 와세다대학교 중퇴라는 이력도 가지고 있다. 이날 인연으로 훗날 이병철은 박태준을 자주 불러 삼성그룹 경영에 대한 의견도 묻고, 삼성중공업을 직접 관리해 보라고 제안하였던 일화도 있다.

이 책에는 중석불 달러사건, 거평그룹의 대한중석 인수 등의 내용을 앞서 소개하였다. 박태준 회고록에도 대한중석에 관한 이야기가 있다.

박태준은 1964년 대한중석 사장으로 취임을 하였다. 박태준은 축구 국가대표 선수가 재정의 어려움으로 시합이 없는 시기에 광산에서 일을 하는 것을 알게 되었다. 관계자에게 지시하여 운동선수는 운동만 할 수 있도록 정상적인 대한중석 축구단을 운영하도록 지시하였다. 오늘날 포스코 축구단의 원조가 되었다.

50대 이상이면 군대 생활 중 전투화 광을 내는데 필수였던 말표 구두약을 기억할 것이다. 이와 관련된 군납 이야기도 있다. 그리고 1966년 6월 25일 장충체육관에서 복싱선수 김기수와 이탈리아 니노 벤베누티와의 WBA 주니어 미들급 세계 타이틀 매치가 있었다. 한국 최초의 세계 챔피언이 된 김기수 선수 이야기도 있다. 박태준의 소소한 회고이지만 대한중석 사장 재임 시 있었던 내용이라 창업주 기록내용과 일부분 연관이 있어 소개를 하였다. 필자는 박태준에 대하여 국무총리, 당대표, 포항제철 회장을 역임한 업적보다 더 위대함을 이 한마디에 가지고 있다고 생각한다. '1978년 중국이 개혁·개방을 추진하면서 등소평 최고 권력자가 한국에서 박태준을 수입해 오라고 지목하였다.'

2) 이병철과 박정희의 만남

박정희 최고회의 부의장은 1961년 6월 27일 이병철과 첫 만남에서 부정축재자 11명의 처벌 문제에 대해 의견을 물었다. 이병철은 "기업하는 사람의 본분은 많은 사업을 일으켜 많은 사람들에게 일자리를 제공하는 것이고 세금을 납부하여 국가 예산, 국민 교육, 도로 항만 시설 등 국가 운영의 뒷받침이 되는 일을 한다. 이런 행위를 부정축재자로 처벌하면 경제 위축이 될 것이고 국가 운영에 영향을 미칠 것이다.

그리고 부정축재자로 구속된 11명을 풀어 주기를 요청하였다." 또 "그들로 하여금 다시 한국의 경제를 살리고 더 많은 공장과 새로운 사업을 할 수 있게 해야 우리가 잘 살 수 있다"라고 당당하게 설명하였다.

그 후 제일모직 대표인 조홍제를 비롯 구속된 기업인들이 모두 풀려났다. 그리고 8월 12일 혁명정부는 부정축재에 대해 추징벌과금을 모두 27개 기업주에게 부과하였는데 유독 삼성이 전체 27%였다.

3) 한국경제인협회(현 전국경제인연합회) 창립

1961년 8월 16일, 국가재건회의는 정부와 경제계와의 의견 조정 기관으로 한국경제인협회(현 전국경제인연합회 전신) 창립을 추진하였고, 이병철을 초대 회장으로 선출하였다. 이병철 생애 처음이자 마지

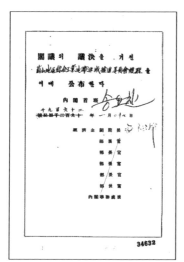

1962년 1월 27일 송요찬 내각 수반이 공포한 울산지구 종합공업지대 조성 승인 원문. 〈대통령기록관〉

막으로 맡은 공직이다. 경제인협회는 제1차 경제개발 계획에 따른 경제인의 조직체로서 경제계의 대정부 창구 역할을 하였다. 경제계를 대표한 이병철은 박정희 의장을 만나 경제인들에게 부과한 추징 벌과금 대신 공장을 짓도록 한 후 벌과금만큼 그 공장의 주식을 정부에 납부하는 방법을 제시하였다.

국가재건최고회의는 이 의견을 받아들여 경제인협회에 최고회의 투자 명령을 지시한다. 투자 명령은 부정축재자로 구속되었던 경제인을 처벌하는 대신 이들로 하여금 공장을 지어 경제 건설에 참여시킨다는 내용이다. 지금 이 시기 대한민국에 어떠한 공장을 지을 것인지에 대해 경제인협회는 기간산업의 활성화가 우선 필요하다고 의견을 모았다. 그리고 한국경제에 시급한 정유, 제철, 시멘트, 비료, 나이론, 합성수지, 전기기기, 케이블 등의 공장 건설안을 최고회의에 제출하였다.

4) 울산공업단지 탄생

경제인협회가 제시한 기간산업 공장은 어디에 세워야 하며 공업단지를 어디에 조성할 것인지도 중요한 과제였다. 공장을 세우기 위해서는 전력, 용수, 물류 수송, 노동력 확보 등의 필요조건이 있다. 공단건립은 이렇게 필요조건이 충족된 대규모 땅에 여러 공장을 모아 공업단지

울산공업지구 기공식 장면. 기공식에 참석한 군인과 교복 입은 학생의 모습이 이색적이다. 〈울산남구청〉

를 조성하여 각종 공장을 유기적으로 운영하는 능률적인 경제적 조치였다. 처음 후보지로 물금, 삼천포, 울산 등 3곳이 거론되었지만 1962년 1월 27일 울산이 최적지로 선택되었다. 이것이 지금의 울산공업단지 탄생의 배경이다.

5) 두 번째, 비료 공장 설립 신청서 제출

비료 공장을 신청한 이병철도 울산공업단지 내 공장 건립을 신청하였다. 일본과 유럽 업체에 계획서를 보내고 가계약 단계까지 진행되었다. 하지만 이병철의 대규모 비료 공장은 당시로서는 자금이나 규모가 시기상조라는 정부의 경제정책 판단에 결국 수포로 돌아가고 말았다. 1960년 과도정부 때 처음으로 설립 신청이 실패된 후 이어 두 번째 도전도 실패로 끝났다.

4·19 혁명과 5·16 군사정변을 겪으면서 삼성이 입은 타격은 매우 컸다. 연속된 추징금 명목의 정부 환수로 삼성그룹의 자금도 어려운 상태였다. 설상가상 1962년 6월 9일 제2차 통화개혁이 실시되었다. 통화의 호칭을 환에서 원으로 바꾸고 10대1의 평가절하를 단행한 것이다.

6) 세 번째 도전, 한국비료 공장을 완성하다

1963년 10월 제5대 대통령 선거에서 박정희가 당선되었다. 어느 날 박대통령은 이병철을 불러 정부에서 모든 것을 지원 할테니 중단된 울산비료 공장을 추진하도록 지시했다. 박대통령은 장기영 부총리 겸

경제기획원 장관을 불러 삼성이 비료 공장을 짓는데 모든 책임을 지고 지원하라고 지시하였다. 하지만 비료 공장 재추진을 위한 실행부터 난관이 다가왔다. 당시 일본 비료업계의 가장 큰 해외시장은 한국이었다.

1967년 4월 20일 울산 한국비료 공장 준공식 장면. 〈울산남구청〉

일본은 한국이 세계 최대 규모의 비료 공장을 건설하면 해외시장에서 한국이 경쟁상대가 된다며 한국 정부에 차관을 해주어서는 안 된다고 차관 저지 운동을 전개하였다. 이러한 어려움 속에 이병철이 폭넓게 교류한 일본 경제계 지인의 도움을 받아 마침내 1965년 9월 일본의 미쓰이물산과 공장 건설 계약을 체결하였다.

차관은 4,390만달러로 해외에서 도입한 한국의 민간차관 제1호이다. 이병철은 차관 도입 신청서를 경제기획원에 제출하여 승인을 받은 후 1965년 12월부터 울산공업단지 안에 약 35만평의 용지를 구입하고 공장 부지 정지 작업을 시작하였다.

① 조선일보 ② 동아일보의 1967년 4월 20일 한국비료 공장 준공 보도 내용.

1966년 9월 16일, 한국비료 공장 완공을 얼마 앞둔 시기였다.

보세창고에 보관하던 약품을 현장 담당 직원의 착오로 당국의 허가 없이 처분하여 벌금을 받은 적이 있다. 그런데 이것이 다시 정치적 논쟁으로 번지면서 일이 확대되었다. 이것이 소위 '한비사건'이다. 정치 관련 내용은 필자가 잘 알지 못하여 언급하지 않는 기준을 가지고 이 글을 쓰고 있다.

7) 국가에 헌납한 한국비료

이병철 회장이 한국비료 공장 준공식 축사를 하고 있다. 〈울산남구청〉

이러한 사회적 비난 속에 삼성이 공장 건설을 진행하는 것은 무리라 생각하고 1966년 9월 22일 국가에 헌납할 것을 결심하였다. 비료 공장의 설립은 한국 산업의 중요한 것이기에 국가가 인수하여 완공토록 요청을 한 것이다.

그러나 정부는 완성 후에 헌납하라고 요구하였다. 완공되어도 경영을 할 수 없고 국가에 헌납할 공장을 짓는 이병철의 심정은 어땠을까? 하지만 이병철은 한국비료 건설은 자신의 숙명으로 받아들이고 건설 작업에 모든 노력을 기울였다. 1967년 4월 20일 한국비료 울산공장이 준공되었다. 10년에 걸쳐 세 번씩이나 도전하여 완공시킨 비료 공장이다. 그러나 이병철은 이 비료 공장의 주인이 되지 못하고 1967년 10월 16일 국가에 51%의 주식을 헌납하였다.

국가가 필요로 하는 세계 최대의 비료 공장을 내손으로 완공시켰다는 것만이 유일한 위안이 될 뿐이었다.

이병철은 "한국비료 사건을 파란 많던 자신의 생애에 더할 나위 없는 쓰디쓴 체험"이라고 하였다.

8) 건설 현장에 나타난 청년 고시생 노무현 전 대통령

울산비료 공장 건설현장에 20대의 젊은 청년이 현장 일을 하러 왔다. 고시공부를 하려던 청년이 책값을 벌기 위해서였다. 당시 하루 일당은 180원 이었는데 한 끼 식사값은 35원으로 하루 밥값이 105원이나 지출되었다. 이 청년이 훗날 대한민국 제16대 노무현 대통령이다 (여보 나좀 도와줘, 자전에세이).

9) 이병철의 익자삼우 손자삼우

정직한 자를 벗으로 하고
미더운 자를 벗으로 하고
견문이 많은 자를 벗으로 하면 이익이 된다.
아첨하는 자를 벗으로 하고
성실하지 못한 자를 벗으로 하고
말만 앞세우고 실이 없는 자를 벗으로 하면 손해가 된다.

10) 메모하는 경영 습관

'메모하라'

이병철이 모직공장을 세우고자 할 때 미국의 유명한 모직기계 임원이 몇 번이고 찾아와 이병철에게 자사 생산기계 도입을 강요한다. 어느 날 이병철은 모직공장 건설에 필수 조건인 온도, 습도, 기상조건, 전력, 노동력, 교통, 용수, 수질, 종업원에 대한 기술지도, 훈련 등 모두 48개 항목에 걸친 문제점과 대응책이 적힌 메모를 보여주었다. 이를 본 미국측 임원은 더 이상의 강요가 없었다. 이병철은 언제나 메모를 항상 정리하는 경영습관을 가지고 있었다.

박태준 회고록 내용이다. 1970년 포항제철 공사 현장에 박정희 대통령이 나타났다. 박태준이 공장 설비와 관련하여 포철의 어려운 문제를 설명하자 박정희 대통령이 애로사항을 메모지에 적어라고 하였다. 건의사항을 정리한 후 대통령에게 건네주자 박정희는 그 메모지에 친필 서명을 하였다. 대통령의 서명이 있는 메모지는 그대로 실행하라는 결재나 마찬가지이다. 박태준이 소신껏 일할 수 있는 배경이 된 그 유명한 종이 마패이다.

17__ 이병철의 또 다른 기업 경영

대세가 기울어 이미 실패라고 판단이 서면
깨끗이 미련을 청산하고 차선의 길을 선택하라.

라디오의 경우 1962년 12월 3일 인천에 거주하는 김규환 교수가 '라디오 서울방송국' 설치 허가를 정부로부터 최초로 받았다. 텔레비전 방송 허가는 1962년 12월 31일 김용우 전 국방부 장관이 체신부로부터 최초로 방송허가를 받았다.

라디오와 TV 방송국 두 회사 모두 재정이 어렵게 되자 이병철이 각각 인수를 하였다. 그리고 이병철은 1963년 2월, 동양 TV 방송(주)를 설립하였고 6월에는 라디오 서울방송(주)를 설립하여 방송업 진출을 준비하였다. 초기 방송사업은 처음으로 락희화학의 구인회와 50%의 지분을 각각 소유하는 공동 경영을 하였으나 1965년 8월 이후 이병철 단독으로 두 방송국을 경영하였다.

1) 방송국 경영

라디오 방송은 1964년 5월 9일, 태평로 국회의사당 맞은편 안국화

동양방송 로고.

재보험 빌딩에서 '서울방송 주식회사'의 라디오 서울(RCB) 개국 전파를 발송하였다.

텔레비전 방송은 '동양텔레비전방송 주식회사'에서 1964년 12월 7일 첫 방송을 하였다. 그 후 1965년 8월 16일 라디오 방송은 중앙라디오(JBS)로, 텔레비전 방송은 중앙텔레비전(JBS TV)으로 사명을 바꾸었다. 그리고 1년 만인 1966년 8월 15일 라디오는 동양라디오(TBC)로, 텔레비전은 동양텔레비전(TBC TV)으로 다시 회사명을 변경하였다.

두 회사는 1974년 TBC 동양방송으로 통합되어 운영되다가 1980년 11월 30일 언론 통폐합 때 국영방송 KBS에 흡수되었다. 그 후 약 30년 만인 2011년 12월 JTBC(Joongang Tongyang Broadcasting Company)가 종합편성방송 채널 사업자로 선정되면서 방송에 재진출하였다.

이에 앞서 삼성은 텔레비전 방송의 경우 컬러시대가 올 것에 대비하여 1979년부터 컬러 TV 브라운관도 개발 생산하였다. 1980년 12월, 정부는 컬러 TV 방송 허가를 하였다.

2) 중앙일보 설립

4·19와 5·16은 한국 사회의 정치와 경제에 파국적인 영향을 끼쳤다. 기업가는 기업을 창설하여 국민에게 일자리를 제공하고 양질의 상품을 공급하여 국민소득을 늘린다. 기업이 성장하여 세금을 납부하면 정부

운영, 국가 방위의 뒷받침에 이바지한다. 경제인에게는 국가와 사회를 위한 막중한 사명이 있다. 그런데 이런 사회적 공헌을 무시하고 정부는 부정축재자라는 오명까지 씌워버렸다.

중앙일보 창간호를 보고 있는 이병철 회장.
〈호암자전〉

4·19와 5·16을 겪으면서 어려움을 보냈던 이병철이 경제인의 힘이 미약함과 그 한계를 통감하여 단 한 번 정치를 생각했던 적이 있다고 회고록에서 밝혔다.

이병철은 정치의 목적은 국민을 잘 살게 하는 것이다. 올바른 정치를 권장하고 나쁜 정치를 못하도록 하는, 더 나아가 정치보다 더 강한 힘으로 사회의 조화와 안정에 기여할 수 있는 방법으로 무엇이 있을까 고민하였다. 정치가 기업인을 부정축재자로 구분할 때 갈등이 깊었다. 하지만 이병철은 현실 참여의 정치보다 종합 매스컴 창설을 결심하였다. 기업에도 언론의 힘이 필요한 것을 절실히 느끼고 있었다. 이병철은 라디오와 텔레비전 방송국을 포함하여 국내 최대 종합 매스컴 회사를 만들기 위해 1965년 9월 22일 일간 신문 '중앙일보'를 창간하였다. 사장에는 법무부 장관, 내무부 장관을 역임한 홍진기를 임명하였다. 훗날 이건희 삼성그룹 회장의 장인이 된다.

이병철은 기업 설립 시 즐겨 쓰던 삼성과 제일이라는 이름에서 벗어나 신문사 이름을 '제일 크다'는 뜻이 담겨 있는 '중앙'이라 하였다. 그리고 중앙일보가 사회의 공공그릇으로 큰 역할을 완수해 줄 것을 기원하였다.

1965년 9월 22일 중앙일보 창간호 1면.

3) 삼성문화재단 설립과 대학 경영

이병철은 기업 하나를 세우는 만큼 재단의 사회적 참여도 필요하다고 인식, 사회 공익을 위하여 1965년에 삼성문화재단을 설립하였다. 두 번의 혁명에서 겪은 상처와 한국비료 건설에 거대한 자금이 소요된 상태라 재단 설립의 시기가 좋지 않은 환경이라 반대도 있었다. 재단의 존립과 재단 사업의 영속성을 보장받도록 하고 재단기금이 잠식되지 않도록 출연을 주식과 부동산으로 하였다.

삼성문화재단은 인간사회의 규범인 도의(道義)의 발전을 주제로 한 논문, 소설 등을 공모하여 1971년에는 '삼성문화문고'를 설립하고 책을 간행하였다. 출판한 도서는 전국 고교도서관, 대학도서관, 공공도서관에 무상으로 기증하는 등 도서 보급에도 활발한 활동을 하였다.

대구는 삼성물산의 발상지이고 제일모직의 본 공장이 있어 삼성과 인

삼성그룹이 인수한 성균관대학교, 조선시대 과거시험을 치렀던 비천당 뒤로 개교 600주년 기념관이 보인다. 〈이시원〉

연이 깊은 곳이다. 지방에도 좋은 대학을 키워 보겠다는 의욕을 가지고 자금난으로 운영에 어려움이 있던 대구대학을 1964년에 인수하였다. 그러나 청구대학을 인수하여 종합대학 계획을 가지고 있던 박정희 대통령에게 대구대학을 양도하였다. 1967년 대구대학과 청구대학이 통합하여 생긴 대학이 영남대학교이다.

당시 영남대학교에는 지역사회개발학과라는 특별한 학과도 신설되었다. 이 학과는 박정희 대통령이 주도한 새마을운동을 학문적으로 공부하는 학과로 소개된 적이 있다.

이병철 회장은 교육을 통한 인재 양성의 철학이 확고하였다. 1965년 9월 삼성문화재단이 재정난으로 힘들어하는 성균관대학교를 인수하였다. 당시 문과계에 치우친 것을 이공계 교육의 거점으로 만들기 위해 많은 투자를 하였다. 삼성의 지원으로 성균관대학교는 문과계의 글로벌 인재를 양성하는 글로벌리더학부와 이공계의 인재를 양성하는 반도체시스템공학과 등을 신설하는 등 국내 최고의 명문대학교로 성장하였다.

4) 신라호텔

이병철은 1972년 가을, 정부로부터 사업 제의를 받았다.

'국가에서 운영하던 영빈관을 인수하여 외국의 대통령이나 귀빈들이 한국을 방문할 때 사용하고 국제회의를 개최할 수 있는 호텔을 건립해 달라'는 요청이었다. 이병철은 사업차 외국의 여러 나라를 다녀 보면서 호텔의 필요성을 알고 있었던 터라 한국을 대표하는 호텔을 짓기로 결심을 하고 정부의 건의를 받아들였다.

1973년 5월 주식회사 임페리얼을 설립하고 7월에 영빈관을 인수하여 11월에 '호텔신라'로 상호를 변경하였다. 그리고 1979년, 가장 한국적인 호텔로 새롭게 신축하여 개관하고 전 세계 지도자들이 한국을 방문하면 반드시 찾는 곳으로 만들었다. 당시 호텔 이름은 외국어 이름으로 작명하는 게 유행이었지만 '신라'라는 이름을 택한 사유가 있다.

찬란한 우리 고유문화를 꽃피웠던 신라시대의 그 우아한 품위와 향기를 재현시켜 보기 위함이었다. 현관 지붕에는 청기와를, 로비와 라운지, 객실 등에는 신라의 꽃 격자, 무늬봉, 황도무늬 등으로 꾸며 신라의 전통과 아름다움을 최대한 살렸다.

5) 삼성생명

삼성은 1956년 6월에 설립된 안국화재해상보험(주)를 1958년 인수하여 1993년 12월 삼성화재해상보험(주)으로 사명을 변경하였다.

1963년, 이병철은 사업의 공익성도 중요하지만 국민의 공신력있는 생명보험회사를 금융업으로 육성하기 위해 동방생명도 인수하였다.

삼성이 동방생명을 인수한 또 다른 이유도 있다. 삼성은 백화점 사업 진출을 검토하던 중 마침 동방생명이 동화백화점 주식 100%를 가진 주주였기 때문이다.

경제성장에 따라 국민소득도 높아지고 사회가 안정되어 가자 보험에 대한 일반인의 이해도 높아져 갔다. 동방생명 보험 계약액은 날로 수직곡선을 그리면서 성장하였다. 동방생명은 1989년 삼성생명으로 회사명을 변경하였다.

6) 필자가 가입한 동방생명

1988년부터 직장생활을 시작한 필자는 당시 급여에 비해 조금 많은 금액을 보험에 가입하였다. 동방연금 2종 종신 55세형 보험으로 1988년 12월 20일 가입하여 10년간 불입 후 55세부터 평생 연금을 받는 상품이다. 당시 50만원도 되지 않는 급여지만 매월 44,700원을 불입하였다.

필자가 이 내용을 기록 한 것은 보험내용이나 연금에 관한 이야기가 아니라 동방생명보험 주식회사에서 발행한 증권 때문이다. '밝은 내일을 약속하는 동방생명' 인쇄가 선명한 증권 봉투와 A5 사이즈 크기의 보험증권을 아직도 보관하고 있다. 이 서류들이 연구자료나 기타 참고용이 된다면 언제든 기증이나 제공하고자 하는 마음이다.

당시 55세 연금 수령 개시 때부터 월 50만원 정도의 연금이 나온다고 하였는데 현재 실제 연금 수령액은 13만원 정도이다. 자문을 받아보니 계약 당시와 지금의 상황이 많이 바뀌어 보험약관의 해석이 법률적으로 승소하지 못한다 하여 아쉽다.

7) 신세계백화점 카드

1962년 9월 동화백화점은 동방생명에 소유권을 넘겼다. 하지만 동방생명도 경영의 위기를 극복하지 못하고 1963년 7월 삼성에 인수됨으로써 동화백화점 주식 100%의 경영권도 자연스럽게 삼성으로 인수되었다. 1963년 11월 삼성은 동화백화점 상호를 신세계백화점으로 바꾸었다.

1970년대는 국민소득도 어느 정도 높아졌다. 재래시장에서 볼 수 없는 제품을 판매하거나 한 건물 내에서 쇼핑과 식사 등을 해결할 수 있는 백화점 같은

1969년 발행한 신세계백화점 카드. 1996년 5월 한국 기네스협회로부터 한국 최초의 신용카드로 인정받았다. 〈신세계백화점〉

형태가 조금씩 생겨났다. 이에 따라 한국의 백화점 사업도 꾸준히 성장하였다. 신세계백화점은 1969년 4월부터 대한민국 최초로 신세계 백화점 카드를 발급하였다. 물물교환에서 조개껍데기 사용, 그리고 구리나 철로 된 동전, 지폐로 이어져 오던 지불 방법이 카드로 물건값을 계산하는 것은 일대 혁신이었다.

가로 8.6cm x 세로 5.4cm의 플라스틱에 새긴 이름과 회원번호만 가지고 물건을 주고받는 새로운 결재 방식이 도입되었다. 초기에는 일부 임직원을 대상으로 하는 고객카드였고, 소량으로 제작되었다. 신세계백화점만 사용할 수 있는, 외상으로 물건을 먼저 주고 훗날 물건값을 지불하는 형태다. 지금의 카드와는 차이가 있지만 대한민국 최초의 신용카드로 인정을 받았다.

지금은 누구나 카드 2~3개 정도는 소유하고 있으며 발급 자격도 그렇게 까다롭지 않다. 1970년대 신용카드 발급은 그야말로 하늘의 별 따기였다.

8) 김종필과 에버랜드

김종필의 회고록 '소이부답' 중 내용이다. 1971년 이병철이 김종필 국무총리를 찾아왔다. "미국의 디즈니랜드 같은 테마파크를 세우고자 하는데 경기도 용인 쪽에 산림청 땅이 섞여 있어 매입하지 못하고 있습니다. 총리께서 도와주십시오." 산림녹화가 국정 주요 과제라 산림청도 땅을 팔 수 없는 입장이었다.

김종필 총리가 아이디어를 냈다. 삼성이 산림청 땅의 두 배쯤 되는 땅을 사서 용인 땅과 교환하도록 한 것이다. 산림청은 대토(代土)를 받고 삼성에 땅을 내줬다. 용인자연농원이 들어서고 훗날 '에버랜드'

로 이름이 바뀌었다. 한국의 테마파크의 원조는 이렇게 탄생되었다. 삼성의 대표미술관 '리움미술관'은 서울 용산구 한남동에 있고 '호암미술관'은 이곳 에버랜드에 있다.

9) 롯데그룹 신격호 회장

삼성의 백화점 사업과 호텔, 자연농원 사업은 롯데그룹 신격호 회장이 추진하는 사업과 일치되는 것이 있다.

경남 울주군 출신인 재일교포 신격호 회장은 롯데제과를 모체로 하여 한국에 진출하였다. TV 황금시간대에 껌 광고와 초콜릿 광고를 하면서 한국인에게 선명한 인상을 주었다.

40세 이상은 롯데에서 만든 껌을 씹어 보지 않은 사람은 없을 것이다.

'좋은 사람 만나면 건네주고 싶어요, 껌이라면 역시 롯데~껌' 이 짧은 노래를 따라 부른 기억이 있다.

롯데는 제과에서 성공하여 한국에서도 재계 10위 이내에 포함되는 그룹을 만들었는데 그중 백화점 사업과 호텔 사업은 롯데의 주력사업 중 하나이다.

롯데그룹은 1973년 한국에서 본격적인 호텔업을 시작하였다. 첫 사업으로 1936년 4월에 설립된 반도호텔(지금의 롯데호텔)을 인수하였다. 1972년 정부의 한국 관광종합개발 기본계획 정책에 따라 정부기관이 운영하던 워커힐호텔, 반도호텔, 대한항공사 등을 민영화하였다.

이때 반도호텔은 신격호가 경영하는 롯데그룹에서 인수하였다. 오래된 건물을 철거하고 이 자리에 지상 38층, 1천여개의 객실로 완공한 후 롯데호텔로 사명을 바꾸어 1979년 개관하였다.

새롭게 신축한 호텔 내부에 면세점과 롯데테마파크 등을 설치하여 숙박과 쇼핑, 놀이 개념을 도입한 경영이 주목을 받았다. 현재 한국의 대표적인 놀이공원도 롯데의 테마파크와 삼성의 에버랜드가 중심에 있다.

외국계 많은 호텔이 국내 체인으로 개장되었지만 아직까지는 신라호텔과 롯데호텔의 명성은 여전히 선두권이라 하겠다.

롯데가 인수한 반도호텔은 일제강점기 철도 개통과 더불어 세워진 국내 최초의 상업호텔이다. 지하 1층, 지상 8층에 약 100여개의 객실을 갖추고 개관하였다. 해방 후에는 해외 국빈을 모시는 등 한국을 대표하는 호텔이었다.

10) 삼성의 또 다른 이름 제일

이병철의 기업 중 초기에는 제일제당, 제일모직, 제일기획 등 '제일'이라는 이름이 많이 있다. 이에 대해 이병철은 회고록에서 "제일을 사용한 것은 일단 부르기 쉽고, 기억하기 쉽다는 이유도 있지만 내적으로는 마음속 결심한 무슨 일이든 제일(최고)이 되자. 한국경제의 제일 주자로 국가와 민족의 번영에 기여하자. 1등이라는 큰 기대를 갖자"라는 의미도 있다고 하였다.

이후 설립 회사 이름 중 또 다른 이름으로 '중앙'이라는 이름도 사용하였다. 본격적으로 삼성이라는 이름을 확산시킨 기준은 1969년 삼성전자를 설립한 후 시작되었다. 이 시기 제일기획이나 호텔신라, 고려의료재단 등 예외적인 것도 있지만 '삼성' 이름이 대부분 사용되었다.

11) 여성의 경영참여 한솔그룹 이인희

이병철, 구인회, 조홍제 창업주 세 분을 비교하면 닮은 점, 공통점도 많이 있지만 다른 점도 있다. 이병철 창업주가 가진 독특한 경영철학이 있다. 그것은 아들만 경영에 참여시킨 것이 아니라 딸에게도 경영에 참여토록 한 것이다. 이병철은 "앞으로 여성도 사회활동을 해야 할 것이다"하며 장녀 이인희(1928~2019년)에게 전주제지를, 5녀 이명희에게 백화점 사업체를 물려 주었다. 범(凡) 삼성그룹 최초의 여성 경영인이 탄생한 것이다. 최근에는 창업주의 3세, 4세 여성들도 경영에 많이 참여하고 있지만 당시로서는 매우 파격적인 일이었다.

1953년 이병철이 제일제당공업 주식회사를 설립하기 전 제조업 진출을 위해 검토한 품목이 설탕과 페니실린, 그리고 국민문화 수준을 위한 종이 생산의 제지 분야를 유력 후보군으로 하였다(이병철 편. 13회. 부산에서 제일제당공업 주식회사). 최종 결정은 국민 식생활과 관련된 설탕을 선택하였지만 전쟁 이후 우리 사회에 필요한 품목으로 종이를 후보로 놓고 심도 있게 검토한 적이 있었다. 12년이 지났다.

이병철은 1965년 9월 중앙일보를 창간하면서 신문용지의 안정적 공급을 위해 1965년 10월 새한제지를 인수하였다. 1968년 전주제지로 상호가 변경되었다. 전주제지는 1991년에는 삼성그룹에서 분리, 독립 경영을 위해 1992년 한솔제지 주식회사로 사명을 변경하여 한솔그룹의 주력 기업이 되었다.

2000년대 초 한때 한국 재계 순위 10위권의 대규모 기업이었던 한솔그룹의 대표가 이인희로 이병철 회장의 첫째 딸이다. 생전에 이병철 회장이 장녀 이인희를 보고 "인희가 사내로 태어났으면 큰 일을 할 재목인데…"하고 칭찬을 아끼지 않았던 딸이다. 부드러움과 강함, 배

포와 섬세함을 가진 대한민국 기업사의 '1세대 여성 경영인'으로 기록되어 있다.

장녀 이인희는 아버지 이병철이 1929년 10월에 일본으로 유학을 떠난 후 12월 의령에서 태어났다. 이병철은 첫 아이의 출생을 보지 못하였다. 그래서인지 이병철은 장녀 이인희에게 더 깊은 사랑을 주었고 훗날 경영 현장에 동행시키면서 곁에서 가르치고 배우도록 하였다.

이인희 한솔그룹 경영인은 아버지 이병철이 1938년 대구에 삼성상회를 설립하여 이사를 갈 때까지 의령에서 생활하였다. 그 후 대구에서 생활하며 대구여자중학교를 졸업하고 이화여자대학교 재학 중 결혼을 하면서 중퇴를 하였다.

대한민국을 대표하는 여성 경제인 1호로 칭송받는 분이 경남 의령 정곡면에서 태어났다. 이 사실에 필자는 창업주 세 분에 대한 경남 흔적을 분석하면서 이인희의 기록을 검토해 보았다. 대구로 이사를 간 나이가 11세 전후이다. 일제강점기 교육환경을 고려해 보아도 최소한 2~4학년까지는 의령 지역에서 보통학교(초등학교)에 다니다가 대구로 전학을 간 것이 아닐까 생각한다. 하지만 현재 수집된 자료가 없어 이인희의 의령지역 보통학교(초등학교) 재학설은 합리적인 추측일 뿐이다.

이인희의 남편은 이병철의 처조카인 박준규(전 국회의장)가 중매를 하였는데 강북 삼성병원 이사장을 한 의사(醫師) '조운해'이다. 슬하에 조동혁, 조동만, 조동길 등 아들 3명이 한솔그룹을 비롯 계열사를 경영하고 있다.

'한솔'은 우리말로 '큰 소나무'라는 뜻이다.

18__ 73세 이병철 회장의 도전, 반도체 사업을 하자

논어를 곁에 두고 읽어라.

간결한 말 속에 사상과 체험이 응축되어 있다.

논어를 꼭 한 번 읽어보자.

한자의 해독이 어려우면 한글판 논어라도 읽어보자.

세상을 보는 새로운 지혜를 느낄 것이다.

1960년부터 1970년대 초반까지 국가의 경제정책은 집중적인 성장 중심으로 추진해 나가던 시기이다. 가난으로부터 거리를 두어야 했고 담장을 쌓아 더 이상 국민 빈곤의 뭉치가 담장을 넘어오지 못하게 막아야 하는 시기였다. 이때 이병철은 넉넉한 국민생활로 가는 사다리를 하나하나 만들어 나갔다. 제조업의 한계에 다가설 무렵 삼성그룹은 새로운 중심이 필요하였다. 그것은 미래의 필수 조건인 전자 사업의 사다리를 세우는 것이다.

상상을 해본다. 때는 1936년, 장소는 마산 협동정미소 안, 이병철이 주판을 들고 셈을 하고 있다. 엄지와 검지를 부지런히 움직인다. 그리고 86년이 흘렀다. 삼성전자에서 만든 휴대전화기에 엄지, 검지로 화면을 몇 번 두드려 본다. 똑같은 손가락이 하나는 합계 얼마입니다를 만들고 또 하나의 손가락은 세상의 모든 이야기가 전화기 화면에 나타나게 만든다.

2022년, 삼성전자의 위상은 세계 제일이다.

한국의 삼성그룹이 세계의 기업으로 진입한 계기는 1969년에 설립한 전자 사업을 주력으로 하는 삼성전자공업 주식회사와 함께 시작하였다. 일본은 1950년대 후반 정부의 중점 육성 사업으로 석유화학과 전자 산업을 지정하였다. 이에 반해 한국은 1960년대 중반까지만 하여도 일반인에게 '전자'라는 단어는 생소한 명칭이었다. 정부기관의 조직도도 일본식 표현을 그대로 사용하여 전기 공업, 전기 기계공업이라 하였다. 일본의 전자 산업과 비교할 수 없는 수준이었다.

1969년 비로소 한국전자공업진흥법이 제정되면서 기계, 철강, 조선화학, 섬유, 에너지와 함께 전자 산업도 한 축이 되어 국가 경제 정책의 중심으로 발돋움하였다. 1969년 10월, 제1회 한국전자전람회가 덕수궁 옆 국립공보관 자리에서 8일간 개최되었고 흑백 TV, 라디오, 스피커 등이 전시되었다. 대통령이 참석하여 테이프를 커팅할 정도로 정부의 관심이 많은 산업이었다.

1) 박정희 대통령 "임자 전자 공업을 해 보시오."

김종필 전 국무총리의 회고록 '소이부답'에 삼성전자 설립과 관련한 내용이 있다. 1967년 박정희 대통령이 김종필에게 지시를 내렸다. "총리, 이병철 회장에게 가서 중화학공업을 하라고 하시오." 김종필은 대통령의 말씀을 이병철에게 전달한 후 대통령과 면담을 주선하였다. 박정희 대통령은 이병철에게 "임자, 지금 한국에도 중화학공업이 필요하니 조선이나 자동차, 전자 공업 중 하나를 해 보시오"라고 하였다. 1967년 10월 한국비료 공장을 준공하고 국가에 헌납한 이병철은 새로운 돌파구를 찾아야만 하였다.

이병철은 국민소득이 높아지고 생활의 환경이 변함에 따라 전자 관련 소비재 품목의 수요가 늘어날 것을 예측하였다. 전자 공업을 선택한 이병철은 1969년 백색가전과 음향기기를 생산하는 삼성전자공업 주식회사를, 12월에는 흑백 TV와 라디오 수상기를 제조 생산하는 삼성산요 전기회사를 차례로 설립하였다.

당시 전자 제품을 생산하는 대형 기업은 금성사와 대한전선이 중심이었다. 자본력이 큰 삼성이 전자 사업에 뛰어들자 전자 제품 생산업계는 과잉생산으로 인한 여러 문제점을 제기하며 삼성전자 허가 반대 여론을 형성하였다. 언론사도 과잉생산으로 인한 부작용이 크다며 정부의 허가에 부정적이었다.

삼성전자의 가전제품 진출은 사돈 관계인 금성사 구인회 회장과의 관계도 불편하게 만들었다. 결국 삼성전자는 생산품 중 일부만 국내에 공급하고 나머지는 전량 수출한다는 조건으로 정부에 사업 허가를 받았다.

1972년 내수용 흑백 TV를 생산하고 1974년에는 세탁기, 냉장고를 생산하였다. 1974년에는 한국반도체를 인수하는 등 반도체 사업에 한 걸음 다가갔다. 1977년에는 컬러 TV를 생산하였다.

2) 무너진 삼성의 자존심 그리고 변화

1979년 공정거래위원회에서 대한민국 재계 순위를 발표하였다.

한국 재계 순위가 형성될 때부터 1위 자리를 지키던 삼성그룹이 현대그룹에게 1위 자리를 내주었다. 더 충격적인 것은 호남석유 등 대형 중공업에 진출한 럭키그룹이 2위로 도약하고 삼성그룹은 3위로 발표

● 시대별 재계 순위						
1960년	1972년	1979년	1987년	1994년	2008년	2013년
삼성	삼성	현대	현대	삼성	삼성	삼성
삼호	럭키	럭키	삼성	현대	현대차	현대차
개풍	한진	삼성	럭키	LG	SK	SK
대한	신진	대우	대우	대우	LG	LG
럭키	쌍용	효성	선경	선경	롯데	롯데
동양	현대	국제	쌍용	쌍용	GS	현대중공업
극동	대한	한진	한화	한진	현대중공업	GS
한국유리	한화	쌍용	한진	기아	금호아시아나	한진
동립산업	극동해운	한화	효성	롯데	한진	한화
태창방직	대농	선경	롯데	한화	한화	두산

※ 자료 : 공정거래위원회, 《한국재벌사》

공정거래위원회에서 발표한 시대별 국내 기업 순위. 〈공정거래위원회〉

되었다. 명예와 자존심이 무너지지 않을 수 없었다. 변화가 필요하였다. 큰 결심을 가지지 않으면 안 될 위기를 느꼈다. 이병철은 새로운 첨단산업을 찾기로 하였다.

그렇다면 이병철에게 첨단산업 기술이란 무엇일까. 한마디로 그것은 '반도체'였다. 이병철은 "면적이 작고 지하자원도 풍부하지 않은 한국은 오직 제조와 수출주도 품목의 생산만이 한국경제의 버팀목이 된다. 이러한 현실에서 한국은 과감한 산업재편을 하여야 하고 첨단산업 기술을 육성하지 않으면 안 될 것이다"라고 늘 머릿속에 생각을 가지고 있었다.

1980년 봄, 이병철은 일본의 저명한 경제 전문가 이나바히데조 박사로부터 반도체 생산에 대한 이야기를 들었다. 주요 내용은 앞으로 살 길은 반도체, 컴퓨터, 유전공학, 우주해양공학을 중심으로 진행될 것이라 하였다. 마음속 깊게 새겨 두었다. 1981년 9월, 이병철은 그룹 임원회의에서 삼성의 장래에 관해 자신의 견해와 경영관을 밝혔다. "앞으로 첨단산업 기술인 반도체와 컴퓨터에 삼성의 흥망을 걸겠다."

3) 반도체 사업을 하자

이병철은 반도체를 알기 위해 공부도 많이 하였다.

1982년, 18년 만에 미국을 방문하였다. 미국 주요 산업 도시와 IBM, GE, HP 등 여러 전자 업체의 현장을 직접 보았다. 국내에서도 전자 산업 전문가들을 초청하여 그들의 의견을 들었다. 일본과 미국에서 나온 컴퓨터에 관한 자료는 구할 수 있을 만큼 구해서 읽었다.

반도체를 이해하고 반도체 사업을 추진하려고 구상을 하니 풀어나가야 할 과제도 많았다. 반도체는 워낙 세밀한 산업이다 보니 기술 수준이 상상을 초월할 정도로 높고 막대한 자원이 투자되어야 했다. 더구나 기술 개발 속도가 무척 빨라 제품의 사이클이 짧은 것도 문제였다.

이병철은 고민에 빠졌다. 내가 만약 반도체 사업을 한다면, 고급 두뇌는 어디서 데려올 것이며, 데려오지 못할 경우 어떻게 육성해야 하는 것일까? 또 공장 부지는 어디에서 찾아야 하며 그 건설은 어떻게 해야 하는 것일까? 공장 설비에 드는 천문학적인 돈을 어떻게 조달해야 하는 것일까? 이병철만이 가진 메모 경영과 경청 경영을 작동시켰다. 고민은 오래가지 않았다.

1983년 2월 6일, 이병철은 도쿄의 오쿠라호텔 505호실에서 메모지에 밑줄을 하나하나 그어가고 있었다. 이병철이 반도체 사업을 결심하게 한 것은 단 세줄의 통계에 의한 것이었다. '철강은 톤당 340달러, 석탄은 40달러, 알루미늄은 3,400달러, 텔레비전은 21,300달러의 부가가치가 있다. 그런데 반도체는 85억달러, 소프트웨어는 톤당 426억달러의 부가가치가 있다.' 결심이 섰다. 반도체 관련 계획서를 만들도록 지시를 하였다. 그리고 1983년 3월 15일 중앙일보 홍진기 회장에게 전화를 걸었다.

"우리는 왜 반도체 사업을 해야 하는가?" 그래서……

"삼성이 반도체 사업을 합니다!"

4) 미래를 기다리지 말고 만들어 가자

삼성그룹은 실패를 모르고 승승장구하였다? 삼성은 운도 좋았고 정부의 혜택도 많이 보았다? 필자의 한마디는 "결코 아니다."

해방의 혼란기, 6·25 전쟁, 4·19, 5·16을 겪으면서, 또 에너지 파동과 물자절약, 오일 파동으로 인한 생산이나 공급이 중단되었을 때 그 어려움과 영향으로 회사 전체가 위기에 직면한 적도 있었다. 당시 고난 극복의 그 힘든 과정이 성공이라는 화려함에 묻혀 국민은 보지 못하고 알지 못한 부분이 많았다.

정부가 하라고 해서 아무나 할 수 있는 여건도 아니었다. 그런 점에서 삼성은 어떤 사업이든 철저하게 분석하고 검토하는 초심을 잃지 않는 기업이었다. 삼성의 창업자 이병철은 수학적, 과학적 사고에 기반하여 미래를 기다리지 않고 만들어 가는 지혜로움을 가진 경영인이었다.

필자의 마무리 표현이다. '이병철에게는 오학(五學)'이 있다.

(1) 발생할 수 있는 문제점을 사전에 철저하게 분석하고 보완하는 예측학

(2) 전문가의 소리를 늘 듣고 판단하는 경청학

(3) 대화를 기록하고 정리하는 습관화된 메모학

(4) 장보고를 학습한 리더 경영학

(5) 어려움이 있을 때 해결책을 구한 논어학이다.

이건희 삼성그룹 회장은 선대 회장에게 물려받은 것이 무엇이 있느냐는 질문에 '논어'라고 하였다. 그리고 또 하나 이병철 회장이 이건희가 삼성그룹 부회장이 되자 직접 붓으로 '경청(傾聽)'을 써 주었다. 경청은 이건희 회장이 이재용(현 삼성그룹 부회장, 삼성전자 회장)에게도 넘겨주어 대를 이어 좌우명처럼 전달되었다 한다. 이재용 삼성그룹 부회장은 할아버지로부터 '경청'을 선물로 받았다고 하였다.

경남에 이병철의 흔적을 느낄 수 있는 곳이 의령의 생가, 한학을 공부한 서당 문산정, 솥바위(정암), 지수초등학교, 마산 협동정미소 터, 지수 매형댁 등 6곳 정도 있다. 이중 가장 중요한 곳이자 이병철이 최초로 사업을 한 마산협동정미소 터는 아직도 검증을 못하고 있다. 삼성 창업주의 경남 흔적과 이어서 연재될 효성그룹, LG그룹 창업주와 함께 경남의 또 다른 기(氣) 받기 관광지가 되기를 기대하며 삼성편을 정리한다.

경남에 남아 있는 이병철의 흔적은 6곳 정도이다. ① 이병철이 태어난 의령군 정곡면 소재 이병철 생가 ② 지수보통학교 재학시 생활한 지수면 매형 허순구 고택 터 ③ 1922년 3학년 1학기를 다닌 진주 지수보통학교 ④ 검증되지 않아 정확한 위치를 확인 할 수 없지만 처음으로 사업을 시작한 북마산 협동정미소 터 주변. 〈편집 이래호〉

2

기 억 을 기 록 이 로

As a record of memories

1__ 이병철 생가에 걸려 있는 주련 해석

한옥이나 절, 서원에 가보면 건물 기둥이나 벽면에 한자로 씌어진 것이 붙여져 있는데 이것을 '주련(柱聯)'이라 한다.

한옥의 경우 평소 본인이 좋아하는 문장이나 시구(詩句)를 연구(聯句) 형태로 많이 사용하기도 한다.

1) 이병철 생가 주련

⑴ 본채에 초서체 주련 6개, 사랑채 뒷 벽면에 초서체 주련 7개, 사랑채 앞 기둥에 해서체 주련 7개, 총 20개로 구성되어 있다.

⑵ 본채는 6자 주련으로 모두 36자, 사랑채 뒷 벽면은 6자로 모두 42자이다. 사랑채 기둥은 7자로 구성, 총 49자로 글자 수는 모두 127자 이다.

⑶ 본채와 사랑채 벽면에 걸린 주련 2개가 중복되어 있어 주련의 문장은 18종류로 되어 있다.

⑷ 주련의 해석은 대한민국 최고의 한학자 실재 허권수 전 경상국립대학교 한문학과 교수(현 동방한학연구원장)께서 해주셨다.

'호암생가 주련 해석 및 출전 구명(湖巖生家 柱聯 解釋 및 出典 究明)'로 보내온 해석을 그대로 옮겨 놓았다.

2) 본채 주련

(1) 聲奏瑤天笙鶴 성주요천생학

(2) 議福保我金玉 의복보아금옥

(3) 得趣形骸以外 득취형해이외

(4) 仁義成於束修 인의성어속수

(5) 孝悌根其本性 효제근기본성

(6) 樂無事日有喜 낙무사일유희

3) 사랑채 벽면 주련

(1) 光浮玉宇雲霞 광부옥우운하

(2) 雨歇南山積翠 우헐남산적취

(3) 娛懷天地之初 오회천지지초

(4) 任情樂其安閑 임정낙기안한

(5) 仁義成於束修 인의성어속수

(6) 孝悌根其本性 효제근기본성

(7) 飮且食壽而康 음차식수이강

4) 사랑채 기둥 주련

(1) 得句會應緣竹鶴 득구회응연죽학

(2) 著書不復窺院葵 저서부복규원규

(3) 搜羅金石卑歐趙 수나금석비구조

(4) 管領風騷辟杜韓 관령풍소벽두한

(5) 秋水爲神玉爲骨 추수위신옥위골

(6) 詞源如海筆如椽 사원여해필여연

(7) 紅樹靑山合有詩 홍수청산합유시

5) 이병철 생가 주련 해석 및 출전 구명

〈 본채 주련 〉

(1) 聲奏瑤天笙鶴 성주요천생학

 – 해석 : 하늘 위 학을 타고 피리를 부는 신선의 소리를 내네

 – 출전 : 출전(出典)이 있는 구절은 아니다.

(2) 議福保我金玉 의복보아금옥

 – 해석 : 복을 논의하여 나의 금과 옥을 보전 한다네

 – 출전 : 淸(청)나라 楊文蓀(양문손)의 글을 인용한 것이다.

 – 설명 1 : 원어는 '論仁議福, 保我金玉'이다.

   '나의 어짐과 복을 논의하여 내가 복을 받을 자격이 있는가를
   생각하여, 나의 금과 옥(재산)을 유지해 나간다'라는 뜻이다.

   論仁議福, 保我金玉에서 論仁(논인)을 삭제하고 6자로 만들었
   다.

 – 설명 2 : 사랑채 주련 (4)와 연결됨

   중국 對聯大全(대련대전) '論仁議福, 保我金玉. 達性任情, 樂其安
   閑(논인의복 보아금옥, 달성임정, 낙기안한)'로 구성된 문장이다.

   論仁議福, 保我金玉 : 설명 1 참고

   達性任情, 樂其安閑 이 뜻은 '본성에 통달하고 감정에 맡겨 편
   안하고 한가함을 즐긴다'라는 뜻이다. 達性(달성)을 삭제하고 6

이병철 생가에는 본채 6개, 사랑채 14개, 모두 20개의 주련이 걸려 있다. 〈이래호〉

자로 만들었다. 대련대전에서 楊文蓀(양문손)의 글을 인용한
것이다.

(3) 得趣形骸以外 득취형해이외

- 해석 : 몸뚱이 밖에서 정취(情趣)를 얻는다. 세상의 제도 등에
  얽매이지 않고, 낭만적으로 산다.
- 출전 : 중국 淸나라의 聲律啓蒙(성률계몽)
- 설명 : 원어는 '得趣在形骸之外, 娛懷于天地之初(득취재형해지
  외, 오회우천지지초)'이다. 몸(형체) 밖에서 정취를 얻고, 천지
  가 열린 처음부터 마음을 즐겁게 한다. 得趣在形骸之外에서 '在'
  자를 빼고 6자로 만들었다. 娛懷于天地之初는 사랑채 벽면 (3)
  과 연결된다.

(4) 仁義成於束修 인의성어속수

– 해석 : 어짊(仁)과 의로움(義)는 몸을 단속하고 수양하는 데서
  이루어진다.

– 출전 : 後漢(후한)시기 幽州刺史 朱龜(유주자사 주귀) 비문에 나
  오는 구절이다.

(5) 孝悌根其本性 효제근기본성.

– 해석 : 효도와 공경은 본성에 근본한다.

– 출전 : 後漢(후한)시기 幽州刺史 朱龜(유주자사 주귀) 비문에 나
  오는 구절이다.

(6) 樂無事日有喜 낙무사일유희

– 해석 : 일 없는 것을 즐거워하여 날마다 기쁜 일이 있다.

– 출전 : 漢나라 때 銅鏡(동경)에 새겨진 구절이다.

– 설명 : 원래는 '日有喜, 宜酒食. 長富貴, 樂無事'의 글에서 일부
  를 잘라 6자로 만든 것이다. 뜻은 '날마다 기쁜 일이 있어, 술과
  음식 먹기에 알맞네. 오랫동안 부귀하여 일 없는 것을 즐거워하
  네'이다.

〈 사랑채 벽면 주련 〉

(1) 光浮玉宇雲霞 광부옥우운하

– 해석 : 빛이 신선의 궁궐에 뜨니, 구름과 노을이…

– 출전 : 중국의 酬世楹聯(수세영련)에 실린 글이다.

– 설명 : '光浮玉宇, 雲霞臨桂有叢香(광부옥우, 운하림계유총향)' 라
  는 구절을 6자로 맞춘 것이다. 의미는 '빛이 신선의 궁전에 뜨니,
  구름 노을이 와서 계수나무에 한 떨기 향기가 있도다'이다.

(2) 雨歇南山積翠 우헐남산적취

- 해석 : 비 그치니 남산에 쌓인 푸르름이로다.

- 출전 : 唐(당)시기 李憕(이징)의 시

- 설명 : 원래는 雨歇南山積翠來(우헐남산적취래) 라는 구절에서
  '來' 자를 빼고 6자로 만들었다. 의미는 '비가 그치자 남산에 쌓
  인 푸르름이 몰려오네'이다.

(3) 娛懷天地之初 오회천지지초

- 해석 : 하늘과 땅이 열리는 처음에 마음을 즐긴다. 오염이 안 된
  원래의 자연상태에서 마음을 즐긴다.

- 출전 : 중국 淸나라 聲律啓蒙(성률계몽)

- 설명 : 본채에 걸려있는 得趣形骸以外(득취형해이외)와 연결
  '得趣在形骸之外, 娛懷于天地之初(형체 밖에서 정취를 얻고, 천
  지가 열린 처음부터 마음을 즐겁게 한다)'에서 娛懷于天地之初
  의 于자를 빼고 6자로 만들었다. 得趣在形骸之外는 본채 (3)과
  연결된다.

(4) 任情樂其安閑 임정낙기안한

- 해석 : 감정에 맡겨 그 편안하고 한가함을 즐긴다.

- 출전 : 중국 대련대전(中國 對聯大全) 楊文蓀(양문손)의 글을 인용

- 설명 : 본채 주련 (2) 議福, 保我金玉과 연결된다.
  '論仁議福, 保我金玉. 達性任情, 樂其安閑(논인의복 보아금옥,
  달성임정, 낙기안한)'의 글로 앞 8자는 본채 (2) 참고
  達性任情, 樂其安閑 이 뜻은 '본성에 통달하고 감정에 맡겨 편
  안하고 한가함을 즐긴다'라는 뜻이다. 達性(달성)을 삭제하고 6
  자로 만들었다.

(5) 仁義成於束修 : 본채 4번과 중복

(6) 孝悌根其本性 : 본채 5번과 중복

(7) 飮且食壽而康 음차식수이강

 ─ 해석 : 마시고 또 먹어 장수하고 건강하소서.

 ─ 출전 : 唐(당)나라 문장가 韓愈(한유)의 送李愿歸盤谷序(송이원
   귀반곡서)

 ─ 설명 : 送李愿歸盤谷序중 飮且食兮, 壽而康(음차식혜, 수이강)
   글 가운데 '兮(혜)'자를 빼어 6자로 만들었다.

〈 사랑채 기둥 주련 〉

(1) 得句會應緣竹鶴 득구회응연죽학

 ─ 해석 : 시구를 얻는 것은 모름지기 응당 대에 앉은 학 때문이라네.

 ─ 출전 : 중국 宋(송)나라 蘇軾(소식)의 送呂昌朝知嘉州(송려창조
   지가주)라는 제목의 시구이다.

 ─ 설명 : '會' 모름지기, '緣' … 때문에의 뜻을 함축하고 있다.

(2) 著書不復窺院葵 저서부복규원규

 ─ 해석 : 책을 짓느라고 뜰의 아욱을 다시 엿보지 않았다.

 ─ 출전 : 중국 宋(송)나라 蘇軾(소식) 送安惇秀才失解西歸(송안돈
   수재실해서 귀) 라는 제목의 시구이다.

 ─ 설명 : 前漢(전한)시기 학자 董仲舒(동중서)가 공부를 열심히
   하여 3년 동안 자기 집 뜰을 엿보지 않았다에서 뜻을 가져온
   것이다.

(3) 搜羅金石卑歐趙 수나금석비구조

 ─ 해석 : 금석문을 찾아 펼쳐두고서 당나라 歐陽詢(구양순)이나
   원나라 趙孟頫(조맹부) 같은 서예가를 낮추어 보다.

- 출전 : 청(淸)시기 문학가 吳偉業(오위업)의 시구이다.

(4) 管領風騷辟杜韓 관령풍소벽두한

- 해석 : 시와 문장을 이해하여 당나라 杜甫(두보)나 韓愈(한유)
같은 시인을 부른다.

- 출전 : 청(淸)시기 문학가 吳偉業(오위업)의 시구이다.

(5) 秋水爲神玉爲骨 추수위신옥위골

- 해석 : 가을 물을 정신으로, 옥으로 뼈를 삼아…

- 출전 : 중화민국 총통 손문(中華民國 總統 孫文) 이 湯增璧(탕증
벽)에게 준 對聯(대련)의 글이다.

- 설명 : 일설에는 중화민국 장군 黃興(황흥)이 지었다는 설도 있다.

(6) 詞源如海筆如椽 사원여해필여연

- 해석 : 말의 근원은 바다 같고, 글씨는 서까래처럼 웅장하기를…

- 출전 : 중화민국 총통 손문(中華民國 總統 孫文)이 湯增璧(탕증
벽)에게 준 對聯(대련)

- 설명 : 일설에는 중화민국 장군 黃興(황흥)이 지었다는 설도 있다.
秋史 金正喜(추사 김정희)가 후대 사람이 지은 詩句(시구)를 쓸 수
없으니, 이것은 추사의 글씨를 집자(集字)하여 만든 것이다.

(7) 紅樹靑山合有詩 홍수청산합유시

- 해석 : 붉은 단풍 든 나무와 푸른 산은 시가 있어 함께 한다.

- 출전 : 南宋(남송)의 시인 陸游(육유)의 시구이다.

6) 주련 해석 과정

이병철 생가 견학 및 기둥에 걸려 있는 주련에 대해 해석을 질문 받
았다. 필자의 실력으로 초서체는 해석을 하지 못하였다. 인터넷으로

검색해 보니 통일되지 않은 다양한 내용으로 해석이 되어 있어 2022년 6월 하순, 대한민국 최고의 한문학자인 실재 허권수 동방한학연구원 원장께 의뢰하였다.

허권수 원장은 창업주 관련 교육을 하면서 강사가 교육생의 질문에 대답을 못하면 결례라고 하시면서 2022년 7월 초 "호암생가 주련 해석 및 출전 구명"을 필자에게 전달해 주었다.

필자는 이병철 생가의 주련이 올바른 해석과 출처를 통해 그 뜻이 정확히 전달되어 지기를 바라고 있다. 또한 생가를 찾는 방문객들이 부자기운을 받을 뿐 아니라 한자에도 관심을 가져주기를 기대하면서 해석 원문을 공개하였다.

* 이병철 생가 주련 해석 내용은 무단 전재, 편집 등을 불허합니다. 반드시 저자의 동의를 받거나 '출처 – 원문 해석자 허권수' 표기하여 인용할 것을 부탁드립니다. erhoo@hanmail.net.

2__ 이병철의 고향 의령 솥바위(정암)

솥에는 다리가 없는 솥, 부(釜)가 있고, 다리가 있는 솥, 정(鼎)이 있다. 의령과 함안을 가로질러 흐르는 남강에서 숱한 이야기를 만들어 낸 솥바위(鼎巖, 정암)는 그 세월 만큼이나 많은 사람을 만났으리라.

1) 의령 솥바위 가격은 얼마

의령 관문의 남강에 솥뚜껑 모양의 바위가 있는데, 이를 솥바위(정암)라고 부른다. 삼발의 솥을 닮았다는 데서 유래됐다.

이 바위를 중심으로 사방 20리 이내에 세 명의 큰 부자(富者)가 배출된다는 전설이 있어, 부자 소원을 빌러 오는 방문객들의 발길이 이어지고 있다.

지수의 K-기업가정신센터에서 실시하는 여러 가지 교육 중에 부자의 기운을 받는 창업주 생가 방문과 솥바위 견학 일정에 초빙강사로 20여회 참여를 하였다. 교육생으로부터 정말 물밑에 발이 세 개가 있을까? 저 바위의 면적은 얼마인가?라는 질문에서 저 바위의 가치는 얼마인가? 우리 동네도 부자가 되게 옮기고 싶다, 이게 가능할까 하는 황당한 질문을 받은 적이 있다.

솥바위는 위에서 보면 하트 모양으로 되어 있다. 솥바위 전체 둘레는 굴곡이 있어 약간의 오차는 있지만 약 70m이다. 가장 긴 길이는 25m 전후이고 가장 넓은 폭은 약 11m 정도이다. 면적은 공부상 213㎡로 평수로는 약 64평 정도이다. 공시지가로는 ㎡당 3,460원이니 73만6천원 밖에 되지 않는다. 백만원도 되지 않는 가격이지만 이 솥바위의 무형자산은 돈으로 환산할 수 없는 가치가 있다.

이 솥바위를 중심으로 반경 8㎞ 이내에 대한민국 부자 세 사람이 탄생한다는 구전의 결과는 2022년 현재 진주시 지수면 출신 구인회 LG

부자 기 받기의 상징 의령 솥바위. 〈의령군청〉

그룹 창업주, 의령군 정곡면 출신 이병철 삼성그룹 창업주, 함안군 군북면 출신 조홍제 효성그룹 창업주로 고착화된 것에는 이견이 없다.

2) 솥바위 20리 이내 부자 3명 배출 전설

의령읍내와 정암마을 주변, 그리고 함안지역 솥바위 인접에 거주하는 대부분의 사람들이 "솥바위 중심으로 부자가 나온다. 솥바위는 늘 솥에 밥이 있어 이 동네 사람은 굶어 죽지 않는다"등의 유사한 내용의 말씀은 어릴 때 부모로부터 들었다고 하였다.

지수초등학교 13회 졸업생인 허옥구 어르신도 어릴 때 부자 세 명이 나온다는 이야기를 들었다고 하였다. 그러나 그 내용이 어려서부터 들어온 것인지 성인이 된 후 듣게 된 것인지 가끔 혼란스러움이 있어 정확하지 않다고 하셨다. 이런 소문에 해당되는 부자 세 사람이 누구인지 구체적 이름은 없었지만 80년대 이후부터 삼성, LG, 효성으로 자연스레 불리게 된 것 같다고 하였다.

의령 정암 마을에서 태어나 단 한 번도 고향을 떠나지 않았다는 70대 중반의 주민은 "어린 시절 정암다리를 지나갈 때마다 아버지나 형이 저 솥바위 때문에 이 주변에 부자가 태어난다는 이야기를 들었다. 그런데 그 부자가 누구인지는 구체적으로 들은 적은 없다. 1970년대 중반 결혼을 한 후 처가를 비롯 주변의 많은 어른들을 만날 기회가 있었는데 이때 우리 인근에 부자가 된 사람이 삼성 이병철, 금성 구인회, 효성 조홍제 등 세 분의 이름은 가끔씩 들었다"라고 회고하였다.

이곳에 거주하는 또 다른 70대 주민은 1970년대 후반 함안 출신 조홍제가 세운 효성그룹이 규모가 커지고 신문에 많이 거론되자 조홍제 회장의 이름도 많이 알려졌다고 한다. 그 이전에는 효성그룹이나 조홍제라는 이름은 몰랐다고 하였다.

수십 명의 군민을 만나본 결과 '국부 3명' 혹은 '갑부 3명' '재벌 3명' '부자 3명' 등 여러 가지 표현이 있었고, 한 가지로 통일된 명칭은 없었다. 그러나 대부분 지역 주민들은 '부자 3명'이라는 표현을 많이 사용하였다. 이러한 전설을 듣게 된 계기는 70대 이상의 경우 대부분이 어릴적 부터라는 대답이 전부였다.

3) 2002년 잠수부가 솥바위 물속 다리 확인

2002년 12월 24일 경남도민일보에 매우 흥미로운 보도내용이 있다.

솥바위 주변 지역민들이 솥바위가 제대로 관리되지 않아 의령의 명물 솥바위가 훼손되고 있다고 지적하였다. 이를 계기로 그 원인을 알고자 수중 촬영 전문잠수부 2명이 실제 솥바위 물밑은 보존 상태가 어떠한지 물속에 들어가 촬영을 하였다. 그 후 인터뷰 한 내용을 기사로 보도하였다.

잠수부는 "물속의 솥바위는 3층의 탑 구조로 되어 있지만 솥바위 형태의 다리모양은 찾을 수 없었다"고 하였다.

주민들이 바위가 이동하였다는 의문에 대해서 "의령 쪽 제방을 높게 쌓는 바람에 모래가 바위 쪽으로 밀려와 바위가 떠내려 온 것처럼 보인 것 같다"라고 말했다. "전설로 내려오는 바위 다리는 모래와 퇴적물에 묻혀서인지 확인할 길이 없었다"라고 하였다.

4) 물속 솥바위의 실체, 식당 주인의 회고

2020년 가을, 의령 읍내에서 제법 오래된 식당을 운영하는 70세 전후의 토착민을 소개받았다. 식당 주인의 회고 내용이다. "유년 시절에 솥바위 부근에서 멱을 감거나 바위 위에 올라가 다이빙도 하고 놀았다. 성인이 된 후에는 고기를 잡기 위해 스쿠버 장비를 착용하고 솥바위 밑에 잠수를 한 경험도 많았다."

"어느 날 솥바위 밑에 고기를 잡기 위해 친구 몇 명과 잠수를 하였다. 이 날은 물이 맑아 물속의 솥바위 형태도 또렷하게 볼 수 있었다. 바위 서쪽 방향에 사람이 지나갈 정도의 큰 구멍은 아니지만 동굴 입구처럼 움푹 들어간 곳을 발견하였다. 이곳에 고기가 많이 모여 있을 것으로 판단하여 바위 구멍 안쪽으로 머리를 넣어 고기를 잡으려고 한 적이 있었다"고 하였다.

그리고 장사를 한 지 50년이 되어가는데 부자 3명이 나온다는 전설 이야기는 어릴 때는 전혀 듣지 못하였다. 결혼 후 식당을 운영할 때 식사하러 온 손님이 가끔 부자가 나온다는 이야기는 하였으나 3명이라는 표현은 기억이 없다고 한다.

1970~1980년대 그 당시는 의령이 교통도 불편한 곳이고 승용차도 많이 보급되지 않은 시기라 외지에서 의령에 오는 관광객 손님이 없었다. 식당에 오는 손님도 대부분 동네 사람이라 부자 전설 소문이 외지에 많이 전달되거나 소문이 쉽게 퍼져나가는 여건은 아니었다며 "어르신들이 성인이 된 후 들었던 것을 마치 어릴 때 아버지로부터 들은 것으로 착각하는 것이 아닐까?" 하였다. 솥바위 전설과 3명의 국부 배출이라는 표현이 언제부터 시작되었는지 정확한 근거를 찾기는 쉽지 않다.

3__ 언론에 등장한 솥바위와 전설

솥바위와 관련된 여러 가지 이야기가 있다. 이곳 솥바위는 조선시대 정암진이라고 하는 나루터 앞 강물에 있는 바위이다. 이곳 나루터를 지나야만 북쪽 내륙으로 진출이 가능한 곳이기도 하다. 임진왜란 당시 곽재우 장군이 이곳 정암진에서 왜군을 대파시켜 북쪽 진출을 저지시킨 곳이기도 하다. 이러한 역사적 사실 외 솥바위가 가진 전설을 조사해 보았다.

1) 솥바위 전설의 시작은 언제부터

조선후기 어떤 도인의 예언이 지금은 전설로 굳어져 전해지고 있는 '솥바위 중심 사방 20리길 부자가 나온다'는 표현이 있다. 이 전설의 시작은 필자가 기존의 문서나 육성 증언, 향토사, 언론 내용을 통해 분석한 결과 예언은 조선후기가 아닌 1970~1980년대부터 시작된 것으로 보인다.

그 이유는 만약 솥바위 20리 내 부자 3명 탄생 전설이 많이 알려졌다면 솥바위 관련 기사 작성이나 의령군의 향토사 기록에 많이 인용되었을 것이다. 그런데 어떠한 지역 자료에도 1970년대까지 솥바위와 관련된 부자 3명, 국부 등의 표현과 유사한 글이 인용된 자료는 찾지 못하였다.

1970년대 후반부터 진주 출신 구인회의 럭키그룹(1970년부터 럭키그룹 회장은 구자경이었지만 일반인에게는 구인회 회장의 이름이 더 알려져 있었다), 의령 출신 이병철의 삼성그룹과 함께 함안 출신 조홍제의 효성그룹이 재계 5위가 되자 1980년대 들어 '부자 세 사람' 또는 '솥바위 전설'과 유사한 내용이 언급된 기사가 실리기 시작하였다. 우연의 일치로 세 분의 생가의 위치가 모두 솥바위 8㎞ 거리에 있었다. 이때부터 전설이 시작된 것으로 필자는 생각하고 있다.

그 후 세 분의 회고록이 발간되고, 회고록의 내용에 세 사람의 관계 이야기도 세세하게 알려지게 되었다. 이러한 내용을 계기로 흩어져 있는 세 사람에 대한 정보가 한 곳에 모이면서 세 사람의 가족관계, 학력, 첫 사업 등의 비교할 수 있는 내용도 자연스레 증가하기 시작하였다.

이러한 과정에서 등장한 것이 '솥바위 중심 사방 20리 대한민국 부자 3명 배출과 지수초등학교는 구인회를 비롯 이병철과 조홍제도 1회 졸업생이다'라고 하는 이야기가 일반에 전래된 것으로 보인다. 그리고 교통의 발달로 인해 진주, 의령, 함안지역 방문객도 증가하면서 세 사람과 관련된 이야기도 조금씩 대중화되어 갔다.

설득력이 부족하다고 하지만 이러한 판단을 뒷받침할 수 있는 자료가 언론보도 내용이라 솥바위 관련 언론 자료를 찾아보았다.

1960~1970년대 언론에 보도된 솥바위

필자가 찾은 솥바위와 관련된 가장 빠른 보도내용은 1960년 2월 29일 부산일보 기사이다.

'조춘, 춘색 어린 솥바위'라는 제목으로 의령을 소개하는 내용이다.

솥바위와 관련된 기사 내용에 사방 20리길 대한민국 거부가 나온다는 전설은 언급되지 않았다. 1960년이면 삼성은 제일제당, 제일모직을 설립 후 한국의 대표기업으로 성장하는 시기이다. LG도 락희화학공업사와 금성사 설립 후 역시 한국의 대표 기업으로 성장하는 시기이다. 그러나 효성의 경우는 입장이 조금 다르다. 이 시기 조홍제는 삼성 이병철과 동업자로 제일제당 사장으로 근무중 이었다. 동시에 효성물산이라는 작은 무역회사를 가지고 있었지만 사회에 크게 드러난 것도 아니라, 사실 일반인도 잘 모르는 기업이었다. 그래서인지 국부 관련 기업이야기는 기사에 언급하지 않은 것 같다.

1970년대 언론이나 지방 향토지에서도 솥바위 관련 자료나 기사는 찾지 못하였다. 이 시기는 삼성그룹과 럭키금성그룹이 한국을 대표하는 기업으로 자리를 잡은 시기였다. 조홍제 효성그룹은 창립 10년이 지나면서 동양나이론, 한국타이어, 조선제분 등을 비롯 여러 개의 기업을 거느린 대기업 그룹군에 진입하는 시기로 직접적인 일반 소비재 제품이 없어 일반인들에게는 빠르게 알려진 상황은 아니었다.

1980년대 언론에 보도된 솥바위

1981년 5월 21일 중앙일보에 '솥바위 중심 20리 안팎서 4명의 거부가 탄생한다'는 내용이 보도되었다. 필자가 찾은 자료 중 솥바위 부근 20리 안팎에서 큰부자가 나온다는 표현을 처음으로 밝힌 자료이다.

그런데 솥바위와 관련된 4명의 부자에는 삼성·럭키·효성·벽산그룹 창업자 네 사람이 소개되었다. 의외로 벽산그룹이 포함되어 있다.

벽산그룹 창업자는 김인득으로 함안군 칠서면 출신이다. 1915년생으로 조홍제와는 9살, 이병철과는 5살 아래이다. 비슷한 시기에 함께 성장하고 창업을 한 것은 일치된다. 고향 함안군 칠서면도 솥바위와 그렇게 멀지 않은 곳이라 솥바위 사방 20리 출신 재벌로 인정한 것 같다.

솥바위 부근에서 대한민국 큰 부자가 배출된다는 전설은 기사로 보도되기 시작하였지만 그 숫자가 3명 혹은 4명으로 솥바위 관련 부자 기록은 아직 명확하지 않았음이 추측된다.

솥바위 부근에 '부자 세 사람 배출'이라고 전설이 알려졌다면 분명 세 사람을 언급하였을 것인데 '국부가 나온다'는 전설에만 초점을 두고 이곳 주변 출신 기업인을 포함한 것으로 보인다.

월간조선 1984년 3월호는 구인회와 지수면, 이병철과 정곡면, 조홍제와 군북면에 대해 많은 분량으로 비교적 소상하게 기록하였지만 아쉽게도 솥바위와 관련된 내용은 전혀 언급되지 않았다.

부산일보는 1988년 5월 3일, 10일 두 번이나 의령을 소개하는 기사를 실었다. 그런데 이 두 편의 기사에는 안희제 생가와 의령 한지, 솥바위, 곽재우의 정암진과 임진왜란 내용만 설명하고 있다. 기업인이나 경제 관련 내용은 전무하다. 솥바위를 언급하였지만 사방 20리 큰 부자가 나온다는 내용은 언급되지 않았다. 이 시기 부산일보는 인터넷이 보급되기 전이라 정보나 자료 부족인지 아니면 솥바위 관련 전설이 이때까지 없었기 때문에 '솥바위' 관련 내용을 언급하지 않은 것으로 추측된다. 따라서 1980년대 후반까지는 '솥바위 부근 사방 20리 부자 3명 배출' 구전이나 전설은 있었지만 아직 일반 대중에게 많이 알려지지 않은 시기로 추측된다.

1990년대 언론에 보도된 솥바위

1994년 3월 2일, 부산일보는 '솥바위를 중심으로 사방 30리 이내 국부가 2명 탄생'한다고 하였다. '진주 지수의 LG그룹 구인회 창업주와 의령 정곡의 삼성그룹 이병철 창업주'이다. 3명의 국부가 아닌 2명의 국부라 하였다.

1981년 5월 21일 중앙일보 국부 4명 배출, 1994년 부산일보 국부 2명 배출 등 언론에서 솥바위를 보는 시각이 조금씩 차이가 있었다. 1990년 중반까지도 국부 3명 배출이라는 표현도 완전하게 정착되지는 않은 것 같다.

국제신문에서는 1995년 9월 13일부터 27일까지 3주에 걸쳐 솥바위 관련 내용을 시리즈로 작성하였다.

국제신문의 주요 내용은 삼성, LG, 효성 외 삼양통상 허정구를 포함하여 4명의 국부가 탄생한다고 하였다. 그리고 구인회와 조홍제가 제1회 지수초등학교 졸업생, 허정구가 제4회 졸업생이라 하였다. 이병철은 개교 시 입학하여 2학년까지 다녔다고 언급하였다. 역시 국부 배출 전설은 확실하게 정리되지 않은 내용이다. 지수초등학교 졸업생의 명단을 구체적으로 거론한 언론보도 내용을 필자가 확보한 가장 빠른 자료이다.

2000년대 언론에 보도된 솥바위

2001년 12월 28일 조선일보에 '국토와 지명, 그 특별한 만남'이라는 기사가 보도되었다. 한국의 여러 도시 지명과 얽힌 이야기를 소개한 책과 관련한 내용이다. 전국 지명 200여개를 선택하여 그 유래를 설명하였는데, 거제시 대계마을은 '닭 모가지를 비틀어도 새벽은 온다'고 했던 김영삼 전 대통령이 태어난 곳이라든지, 의령군 정암(솥바위) 반경 8㎞ 내에서 삼성·LG·효성의 창업주가 태어나 수많은 사람의 밥을 먹이고 있으니 국내에서 가장 큰 솥이다라는 등 재미있는 내용이 있다. 솥바위 전설과 관련하여 삼성,

LG, 효성 등 세분을 솥바위 전설에 연관된 창업주로 거론하였다.

2002년 1월 3일 매일경제도 '국토와 지명, 그 특별한 만남'을 출간한 저자와 인터뷰 한 내용을 소개하였다. 삼성, LG, 효성그룹의 솥바위 전설 관련 창업주와 출신 고향 등을 거론하고 솥바위에 대해 보다 더 상세하게 서술하였다.

2002년 2월 8일 경남도민일보는 의령문화원이 연구하여 출간한 향토사료집 '우리 고장 땅이름'의 책을 소개하였다. 솥뚜껑(토박이말로는 소두방때까리) 모양의 바위가 있는 솥바구(솥바위)이지만 한자음으로 바꾸면 정암이 된 배경을 설명하였다.

2) 솥바위를 보도한 지역 언론사

2000년 이후부터 의령군의 솥바위와 관련하여 대한민국 대표 경제인 3명이 탄생하고 이들의 출생지와 관련된 진주, 의령, 함안과 관계된 내용이 언론에 많이 보도되었다. 경남을 중심으로 하는 주요 일간지는 창원의 경남신문과 마산(현 창원시)의 경남도민일보, 진주의 경남일보, 김해의 경남매일신문 등이 있다. 부산에 본사가 있는 부산일보, 국제신문을 포함 이들 언론사는 대부분 경남 18개 시·군별로 주재기자가 있어 그 지역에서 일어나는 소식을 누구보다 더 빨리 접할 수 있다. 그래서인지 경남지방 일간지는 솥바위와 세 명의 경제인, 지수초등학교 등 이와 관련된 제목으로 보도되는 기사가 조금씩 증가되었다. 솥바위 관련 경제 이야기나 풍수지리 이야기도 조금씩 신문에 보도되기 시작하였다.

부산일보와 국제신문도 솥바위 관련 심층보도를 하는 등 관심을 보였다.

지수초등학교 관련 보도는 농촌지역 학생수 미달로 지수초가 통폐합 대상이 되었다는 내용 때문이지만 지수초등학교가 그만큼 주목을 받는 것은 대한민국 대표기업 중 한 곳인 LG그룹 창업주 구인회와 2대 회장인 구자경이 졸업한 학교로 명성이 있었기 때문이다. 특히 통폐합되는 지수초등학교 보존을 위한 구자경 회장의 여러 가지 노력과 이 학교를 졸업한 기업인 관련 이야기도 조금씩 기사화되었다.

3) 솥바위 4대 부자에 등장한 벽산그룹 김인득 회장

1981년 5월 21일 중앙일보에 솥바위 4대 부자로 거론된 김인득 벽산그룹 회장(1915~1997년)은 함안군 칠서면 무릉리 산성마을에서 태어났다. 함안 칠원공립보통학교와 마산 공립상업학교(마산 상업고등학교, 현 마산 용마고등학교)를 졸업하고 마산금융조합에 취업을 하여 금융인이 되었다.

당시 김인득이 조합에서 받는 월급은 21원이었다. 일제강점기에 금융을 배운 청년 김인득은 앞으로 사업을 하여 국가를 위해 봉사한다는 결심을 늘 마음속에 가지고 있었다.

10년간 1만원을 저축한다는 계획을 세우고 숙직을 자처하고, 교통비를 아끼는 등 눈물겹게 검소한 생활을 하였다. 이렇게 하여 약 10년 후 8,900원의 거금을 마련하였다. 처음 결심 그대로 36세에 금융조합을 퇴직한다. 그리고 사업을 위해 1951년 부산으로 가서 동양흥산(현재 동양물산)이라는 무역회사를 설립하였다.

구인회의 부산 조선흥업사, 이병철의 대구 삼성상회, 조홍제의 효성물산이 무역업을 모태로 한 것과 유사하다. 김인득은 외국의 영화를 수입하여 국내에 공급하는 영화 관련 사업에 주력하였다. 부산은 물론 서울을 대표하는 영화관 단성사, 피카디리 등 전국 곳곳에 영화관을 소유하는 극장왕(영화관)으로 명성을 날렸다. 영화관 사업이 성공하자 1962년 벽산건설의 전신인 한국슬레이트공업을 인수하여 제조업으로 진출하였다.

1970년 전국적으로 펼쳐진 새마을운동과 농어촌 주택 개량사업, 농어촌 근대화 사업이 진행되면서 김인득의 슬레이트사업은 큰 성공을 하였다. 20여개 계열사를 가진 벽산그룹으로 성장시키면서 1972년 회장에 취임하였다. 건축자재 산업을 국내에 정착시킨 기업인이다.

4) 솥바위 인근 3대 거부에 삼영그룹 이종환 회장

경남도민일보는 2002년 12월 24일 솥바위를 소개하면서 "솥바위는 가마솥과 같이 바위 밑에 발이 세 개가 있어 이 세 개의 발에서 반경 8km이내 3대 거부가 난다는 전설이 전해지고 있다. 이런 전설에 따라 의령사람들은 삼성 이병철 회장, 삼영그룹 이종환 회장, LG그룹 구본무 회장을 지명하였다." 이 보도내용은 조홍제 효성그룹 회장 대신 삼영그룹 이종환 회장을 3대 거부에 포함시켰다.

그리고 LG그룹도 구인회 창업 회장 대신 현직에 있는 구본무 회장을 거론하였다. 구본무 회장은 구인회 선대 회장의 손자이고, 구자경 2대 회장의 장남이다. 이때 까지도 3대 부자는 확실히 결정 되지 않았음을 추측 할 수 있다.

4_ 솥바위를 품은 관광

　강 위에 솟아난 솥바위만을 주제로 관광객을 유치하는 것은 쉽지 않은 조건이다. 그러나 이 솥바위에는 전설을 현실로 만든 사실적인 스토리가 연결된다. 이 스토리에는 대한민국 부자가 배출된다는 독특한 주제가 있다. 누구나 소망하는 부자가 된다는 것에 착안하여 솥바위에서 부자 기운을 받을 수 있는 스토리를 관광에 연결시킨 것이 '부자 기 받기' 관광의 시작이라 할 수 있다.

1) 솥바위 전설 어떻게 받아들일까

　'솥바위 사방 20리 국부 3명 탄생'이라는 구전을 의령에서 태어나고 자란 원로들의 육성을 종합해 보면 '어릴 적 들었다'가 많지만, '성인이 된 후 들었다'는 사람도 적지 않았다. 하지만 언제부터 어떤 계기로 전파되었는지 아는 사람은 없었다. 정확한 유래를 알 수 없으니 전설이 될 수밖에 없다. 솥바위 전설을 찾아 사실적인 기록이 되었으면 하는 생각을 가진다.

지금 80세 전후의 원로들이 어릴 때 들었다고 가정을 하면 그것을 전달한 아버지의 생애까지 연결되어 1920년대까지 올라간다. 성인이 된 후 들었다는 사람의 근거를 바탕으로 하면 효성그룹이 대기업으로 성장한 1980년 대 이후로 볼 수 있다. 하지만 앞서 밝혔듯이 여러 상황을 고려해 볼.때 국부 3인의 배출에 대한 구전의 시작은 1970년 ~1980년대에 고착화되었다고 볼 수 있다.

그 근거로 1981년 5월 21일 중앙일보가 솥바위 인근 국부 4명 배출을 최초로 언급한 시점에 효성그룹이 1970~80년대 국내 10대 재벌에 포함되었다. 자연스레 인근 함안 출신 조홍제 회장 이름이 새롭게 등장하면서 회사의 규모에 맞게 국부 반열에 언론도 많이 거론하였기 때문이다. 이때 언론사를 비롯하여 뚜렷한 주체는 알 수 없지만 구인회, 이병철, 조홍제 세 사람이 진주, 의령, 함안 등 경남 출신으로 고향이 근접한 이웃이라 출신 학교, 세 사람의 관계 등에 공통점을 찾기 시작하였다.

우연인지 필연인지 이들 세 사람은 친구, 사돈, 동업, 동문 관계 등 촘촘하게 씨줄 날줄로 연결되는 부분이 많이 있었다. 그리고 세 사람의 생가를 기준으로 중심점이 남강의 솥바위에 해당되었다. 솥바위에서 세 사람의 생가까지 각각 20리 전후 거리에 위치하였다. 이러한 사유로 '솥바위 중심 국부 3명 배출 전설'은 1980년대 전후에 생겨난 표현이고 그 대상은 LG 구인회 창업주, 삼성 이병철 창업주, 효성 조홍제 창업주로 인식되어 현재에 이르고 있다고 판단한다.

앞서 근거로 제시하고 설명한 내용의 주장이 아직 검증을 받지 못하기 때문에 강조는 못하고 있다. 어쨌든 솥바위 전설의 시작은 관심을 가지고 더 찾아보아야 할 주제인 것은 분명하다.

2) 솥바위의 관광 논리, 경남개발공사 단독 상품 연구

■삼성·LG·효성 창업주의 고향과 첫 사업지

- **구인회**진주시/진주(모목점)
  (고향) (첫 사업지)
- **이병철**
  의령군/마산(정미소)
- **조홍제**
  함안군/마산(철가공업)

이병철은 27세, 구인회는 25세, 조홍제는 41세에 첫 사업을 하였다. 세 사람 모두 경남 출신이고 첫 사업장도 모두 경남이다.

창업주의 고택을 활용한 경남 부자 기 받기 관광상품의 개발은 진주시와 의령군, 함안군 세 곳의 단체가 협력하지 않으면 완성품이 될 수 없는 상품이다.

세 곳의 지방자치단체마다 각각의 사유가 있어 적극적인 통합 상품을 만들기가 어렵다는 판단을 하고, 경남개발공사 관광사업본부장 재직시 단독으로 상품을 만드는 방법을 연구하였다. 먼저 경남의 세 가지 기 받기 관광을 전국에 알려야겠다는 결심을 하였다.

코레일 철도 관광상품을 통해 전국에 홍보하는 계획을 수립하였다. 철도공사 정한용 마산역장과 코레일관광 이상진 마산센터장을 만나 기 받기 관광상품 업무 협의를 하였다. 코레일 측의 긍정 답변을 받고 진주와 함안, 의령군 관광과와 협의를 하였다. 의령군이 가장 적극적이어서 의령군과 시범적으로 관광상품을 출시하자고 하였다.

3) 부자 기 받기 관광 의령군 단독 시범 실시

전국 어디서든 기차나 버스를 타고 오전 11시까지 마산역에 도착하면, 대기하고 있던 버스가 손님을 모시고 의령으로 간다. 의령에서 점심을 먹고 솥바위를 시작으로 삼성그룹 이병철 생가, 의령 탑바위 등을 둘러보고 5시경 마산역에 모셔다 주는 일정이다. 손님은 자차로 귀가하거나 대구, 서울가는 기차를 이용하여 귀가하는 당일 코스이다.

조금 여유 있는 일정으로 의령 외 진주 지수의 구인회 LG그룹, 함안의 조홍제 효성그룹 창업주 생가까지 1박 2일 상품도 구상하였다.

4) 매일경제 기 받기 관광 특집 보도

'氣가 팍팍 氣가 산다, 氣찬 여행' 이 제목은 매일경제 2015년 4월 17일 관광 특집 기사이다. 여행레저 전문기자이자 관광 관련 책도 출판한 신익수 기자가 직접 취재를 하였다. 신문에 소개된 글의 표현이 참 부드럽다. 기자로도 명성을 날리고 있지만 작가를 하였어도 성공하였을 것 같다.

"나른하다. 졸린다. 아, 봄이다. 이럴 때 간절한 게 '기(氣)'다. 팍팍, 뭔가 힘 나는 투어 없을까. 그러다 전화가 왔다. 이래호 경남개발공사 본부장 목소리가 다급하다. "힘없지? 신 기자. 여기 와. 기 받는 투어 코스, 기가 막혀. 부자 되는 기 코스, 소원명당 운 코스, 덜컥 시험 붙는 등용문 코스까지 입맛대로야." 뭐, 부자가 된다고? 뒷말은 들리지도 않았다. 바로 창원으로 내리 달렸다.

이렇게 시작한 기사의 내용은 '공희발재(恭喜發財)' 투어? 대한민국 재벌, 운을 받아라, 〈 삼성·LG 창업주 생가 투어 〉, 〈 대통령 생가 찾는 등용문 코스 〉 등으로 왜 경남의 기 받기 관광을 할 수밖에 없는지 경남의 특별한 지역을 관광으로 만날 수 있게 정리하여 보도하였다.

5) 경남신문에 보도된 코레일관광 상품

2015년 8월 13일 경남신문은 부자 기 받기 코레일 관광상품과 관련된 내용을 보도하였다. 코레일 관광상품의 탄생 과정을 이해하기 쉽도록 원문을 그대로 인용하였다.

"경남의 대표적 관광지로 각광받고 있는 의령군의 부잣길 코스가 코레일의 관광상품으로 본격 개발된다. 경남개발공사 이래호 관광사업본부장과 정의주 코레일 부산경남본부 영업처장 등 관계자들은 13일 충익사, 솥바위, 탑바위, 이병철 생가 등 부자코스 개발 예정지를 현장 답사한 뒤 오영호 군수를 방문해 이 같은 코레일의 관광상품 개발 계획을 밝혔다. 부자 기 받기 코스는 대한민국 최고의 대기업 창업주 생가와 소원바위 등을 도는 코스로, 사전 설문조사와 중국인을 상대로 한 홍보 결과 인기가 높을 것으로 예상된다.

특히 의령에는 정암의 솥바위를 중심으로 반경 30리 이내에 큰 부자 세 명이 난다는 전설이 있으며, 의령의 삼성그룹 창업주 이병철 회장, 진주의 LG그룹 창업주 구인회 회장, 함안의 효성그룹 창업주 조홍제 회장이 그 주인공이다.

이날 오영호 의령군수는 의병장 곽재우와 관정 이종환 회장 등 유명한 의령의 인물들을 부자 기 받기 코스에 포함해 줄 것을 주문했다.

코레일과 경남개발공사의 협약으로 추진되는 이 사업은 경남개발공사는 관광상품을 개발하고, 코레일 측은 상품 홍보와 판매, 시행을 맡으며, 의령군은 관광객을 유치할 수 있는 기반 시설 등을 갖추게 된다.

2015년 10월께 출시될 부자 기 받기 관광상품은 중국인 관광객 등이 서울에서 마산역까지 기차로 이동한 다음 버스투어로 1일 또는 1박 2일 코스의 맞춤형 관광지를 둘러보게 된다.

당시 코레일 부산경남본부가 출시한 상품의 기본 내용을 소개하면 다음과 같다.

(1) 여행상품명 : '소원성취 부자 氣받기' 기차여행

⑵ 상품 내용 : 의령에 위치한 대기업 창업주의 고택 견학, 탑바위 등 소원이 이루어지는 명소 탐방 및 풍수지리, 기업가 경제학 등 현장설명, 의령소바와 의령한우국밥 등 지역 맛집 체험

⑶ 여행상품 일정 : 서울역, 대전역, 동대구역, 부전역 등에서 탑승 후 마산역 하차, 지정된 버스 탑승, 견학

⑷ 가격 : 서울역 기준 1인 100,600원, 부전역 기준 35,000원.

⑸ 여행상품 예약 : 마산역 여행센터, 부산역 여행센터 외 레츠코레일 홈페이지"

부 록
appendix

1. 창업주 세 분의 일대기 비교표

1) 창업주의 고향

이병철 삼성그룹 창업주	• 출생지역 : 경남 의령군 정곡면(1910년 ~ 1987년) • 가족관계 : 2남 2녀 중 막내 / 자녀 4남 6녀 • 첫 사 업 : 마산(창원) 협동정미소
구인회 LG그룹 창업주	• 출생지역 : 경남 진주시 지수면(1907년 ~ 1969년) • 가족관계 : 6남중 장남 / 자녀 6남 4녀 • 첫 사 업 : 진주 구인회(주단포목)상점
조홍제 효성그룹 창업주	• 출생지역 : 경남 함안군 군북면(1906년 ~ 1984년) • 가족관계 : 2남 2녀 중 장남 / 자녀 3남 2녀 • 첫 사 업 : 마산(창원) 육일공작소

* 효성그룹 조홍제 회장의 사위로는 두 분의 기록만 가지고 있다.
  – 큰 사위 허정호 전 신한병원장
  – 둘째 사위 산청 출신 권병규 전 효성건설 사장

2) 창업주의 관계와 멘토

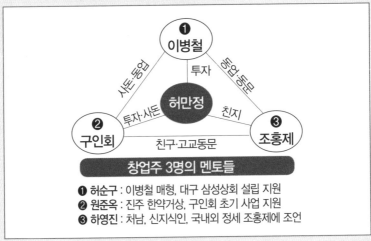

* 편집자의 주관적인 내용이 포함되어 있습니다.

3) 창업주의 일상

구분	구인회	이병철	조홍제
최초사업장과 현재 위치	진주 구인회상점	마산 협동정미소	마산 육일공작소
	진주 중앙시장 내	북마산역 인근	마산 해양신도시 인근
창업주와 음식	특별한 점심 약속	초밥의 밥알 수	대식선생, 요리사
호(號)	연암(蓮庵)	호암(湖巖)	만우(晩愚)
창업주의 취미	축구 · 유년시절	서예 · 호암체	바둑 · 아마 5단
그룹 작명 배경	락희, 금성, LG	제일, 중앙, 삼성	동성, 효성

4) 구인회와 허만정 가족 관계

구 인 회 가 족 관 계	구연호	구인회 조부	1861~1940	만회	홍문관 교리
	구재서	구인회 부	1887~1959	춘강	
	장남 구인회		1907~1969	구인회 자녀 6남 4녀 장남 구자경 1925~2019 3남 구자학 1930~2022 이병철 (차녀 이숙희) 사위	
	차남 구철회		1909~1975		
	3남 구정회		1918~1978		
	4남 구태회		1923~2016	구자경의 장남 구본무 1945~2018	
	5남 구평회		1926~2012		
	6남 구두회		1928~2011		
허 만 정 가 족 관 계	허 준	허만정의 부	1844~1932	지신	비서원 승지
	허만정		1897~1952	효주	LG에 투자
	장남 허정구		1911~1999	제일제당 주주	투자와 경영참여
	차남 허학구		1912~1999	1951년 참여	락희공장 건립 때
	3남 허준구	구철회 첫째 사위	1923~2002	1946년 참여	락희화학 설립 때
	4남 허신구		1929~2017	1953년 참여	반도상사 설립 때
	5남 허완구		1936~2017		
	6남 허승효		1944 ~		
	7남 허승표		1946 ~		
	8남 허승조		1950 ~		

5) 창업주와 학교

연도	조홍제(1906년생)	구인회(1907년생)	이병철(1910년생)
1912		남촌정에서 한학공부	
1913	한천재에서 한학공부		
1916	문창재에서 한학공부		문산정에서 한학공부
1919		창강정에서 사서삼경 탐독	*한학공부 회고록 내용과 불일치
1920		결혼 - 진주 지수면 허씨	
1921	2월 결혼 - 진주 수곡면 하씨 3월 생가 앞에 군북보통학교 개교	5월 승산리 지수보통학교 개교 2학년 입학	* 1923년 4월 생가 앞에 의령 정곡공립보통학교 개교
1922	3월 서울 중동학교 초등과 1~3학년 과정 이수	지수보통학교 3학년 재학 * 3~8월 이병철과 6개월 간 동문	3월 지수보통학교 3학년 입학(편입) 9월 서울 수송공립보통학교 전학
1923	3월 서울 협성실업학교 4~6학년 과정 이수	지수보통학교 4학년 재학	수송공립보통학교 2, 3, 4학년(?) * 2학년 전학, 3학년 전학 불일치
1924	4월 조홍제, 구인회 서울 중앙고등보통학교(5년제) 1학년 입학	3월 구인회 지수초 1회 졸업	서울 수송공립보통학교 재학
1925	조홍제, 구인회 서울 중앙고등보통학교 2학년 재학		2월 수송공립보통학교 4년 수료 4월 중동학교 속성과 편입
1926	중앙고등보통학교 3학년 재학 6월 6·10 만세 주모자로 옥고	3월 중앙고보 중퇴, 귀향 지수 승산리 마을협동조합 결성	4월 중동중학교 본과 1학년 입학 12월 결혼 - 대구 달성군 박씨
1927	8월 동맹 휴학 주도 4학년 퇴학 9월 일본 와세다공업전문학교 입학	마을협동조합 대표, 운영	중동중학교 2학년 재학
1928	4월 일본대학 야간 정경과 입학 9월 일본 겸창 중 4학년 편입	1929년부터 지수협동조합이사장	중동중학교 3학년 재학
1929	4월 일본 법정대학 경제학부 독일경제학과 입학	* 1931년 3월~ 10월 : 동아일보 승산지국장(포목점과 겸직?)	중동중학교 4학년 수료 10월 일본 유학감
1930			4월 와세다대학 정경과 입학
1931		7월 진주 식산은행 맞은편 최초 구인회 포목상점 개업	9월 와세다대학 중퇴, 귀국
1935	4월 일본 법정대학 졸업, 귀국		
1936	12월 함안 군북금융조합장 취임	1940년 구인상회(주)로 변경	3월, 마산 협동정미소 개업

6) 창업주 일대기 요약

구 분	구인회(1907년 ~ 1969년)	이병철(1910년 ~ 1987년)	조홍제(1906년 ~ 1984년)
배 경	선비가풍, 개화, 조부: 교리	선비가풍, 부친이 이승만과 교류	선비가풍, 독립운동가, 개화
한 학	창강정, 유년부터 논어, 사서삼경	문산정, 유년부터 논어, 사서삼경	한천재, 유년부터 논어, 사서삼경
결 혼	1920년, 진주 지수면 옆집(허을수)	1926년, 대구 달성군 하빈면(박두을)	1921년 2월, 진주 수곡면(하정옥)
신학문	1921년 지수보통학교2학년 입학	1922년 지수보통학교 3학년 편입	1922년 서울중동학교 초등과 입학
학업과 유 학	1924년~1926년 서울 중앙고 등보통학교 2년 수료, 중퇴 1926년 지수마을협동조합 설립 * 1931년 동아일보 승산지국장	1926년 서울 중동중학교 본과 1929년 중동중 중퇴, 일본 유학 1930년 와세다대학 정경과 입학	1924년 서울 중앙고등보통학교 입학 1926년 재학중 6·10 만세 주모 구속 1927. 8월 동맹 휴학 주도 퇴학, 유학 1929~1935년 일본 법정대학 졸업
귀 향	1929년 지수마을협동조합 대표	1931년 9월 중퇴 의령으로 귀향 1931~1935년 고향에서 소일	1936년 군북금융조합장 3년, 3선 1942년 군북산업(주) 인수, 경영
첫 사업	1931년 7월 진주 구인회상점 포목, 비단 등 주단품목	1936년 3월 마산 협동정미소 설립 1936년 8월 운수업, 9월 부동산업	1946년 8월 마산 육일공작소 경영 군북산업이 첫 번째 사업인가?
견 문	1937년 조만물산 투자, 중국견학	1937년 9월 사업정리, 중국견학	1936년 졸업 후 일본 국내 견학
사 업 전 개	1940년 6월 주식회사 구인상회 하신상업 투자 청과, 어물 판매 1944년 화물자동차 경영 1945년 11월 부산 조선흥업사 미군정청 무역업 1호 1946년 1월(?) 허만정 자본투자 허준구 경영참여 만남	1938년 3월 대구 삼성상회 설립 1939년 3월 대구 조선양조 인수 1941년 대구 ㈜삼성상회로 변경 1945년 대구 풍국주정 인수 * 대구 을유회 활동 1947년 5월 서울이사, 조홍제 만남 1948년 11월 서울 삼성물산공사 설립	1942년 8월 군북산업(주) 경영 1948년 11월 이병철과 동업 삼성물산공사 설립 참여 1949년 홍콩에 무역업무 출장 FOB무역 국내최초, 허만정 참여
다양한 기 업 경 영	1947년 럭키크림 생산, 구인상회 매각, 락희화학공업사 설립 1952년 플라스틱 사업 ; 빗, 칫솔, 치약, 비누통 생산 1959년 금성사 설립, 국내 최초 라디오 생산 1960년 금성사 국내 최초 선풍기, 전화기 생산 1964년 락희, 금성사 주력 기업 부산 국제신문 인수 외	1951년 1월 부산에서 삼성물산 주식회사 설립 1953년 8월 부산 제일제당 설립 1954년 9월 대구 제일모직 설립 1963년 2월 동양 TV방송 설립 구인회와 공동경영 1965년 성균관대학교 인수 중앙일보 창간 외 1967년 한국비료 완공	1951년 4월 이병철과 삼성물산(주) 공동경영 1953년 8월 제일제당 설립 1960년 11월 사장 1954년 9월 제일모직 설립 1962년 9월 삼성과 결별, 1957. 2월 설립된 효성물산(주)로 독자사업 * 효성물산 : 1957년 2월 설립 무역회사, 달러배정 참여 1962년 9월 조선제분, 12월 한국 타이어, 63년 9월 대전피혁 경영
변 화	1969년 호남정유(칼텍스) 설립	1969년 삼성전자(주) 설립	1966년 동양나이론 설립, 재계 5위

< 창업주 가족, 일대기 관련 도움이 되는 내용 >
1. 나이 어린 숙부(叔父, 삼촌), 나이 많은 조카
   본인의 아버지보다 나이가 많은 아버지 형제를 큰아버지(백부)라고 부른다.
   본인의 아버지보다 나이가 작은 아버지 형제를 작은아버지(숙부)라고 부른다.
   장남이 일찍 결혼을 한 경우 첫 아이가 태어날 때 장남의 막내 동생이 태어나는 경우도 있었
   다. 즉 조카가 숙부보다 나이가 많은 경우도 있었다.
2. 시어머니와 며느리가 같은 달 출산을 하여 산후조리를 하는 경우도 많았다. 요즘 세대에서
   는 결혼 연령이 늦어짐에 따라 이런 관계가 쉽게 형성되지 않는 것 같다.
3. 구인회 형제와 자녀의 가족 구성원도 일부는 이러한 현상을 보여주고 있다.
   구양세(구인회 장녀) 1923년 생, 구태회(구인회 셋째 동생) 1923년 생,
   구자경(구인회 장남) 1925년 생, 구평회(구인회 넷째 동생) 1926년 생,
   구두회(구인회 다섯째 동생) 1929년 생이다.
4. 최경희 진주시 문화해설사는 지수면 승산마을 구씨와 허씨 문중에 관심을 가지고 기록을
   찾기 위하여 왕성한 활동을 하고 계신 분이다.
   필자의 기록을 보고 허만정의 가족관계중 출생 연도가 현재 발간된 문중 족보와 차이가 있
   어 알려 주었다. 족보에는 장남 허정구의 출생년도는 1916년으로 되어 있다. 허만정의 차남
   허학구의 경우 역시 문중 족보에는 1918년생으로 되어 있다.
   허만정의 4남 허신구도 족보에는 1928년생으로 기록되어 있었다.
5. 주요인물의 일대기 정리도 매우 중요한 내용이다. 필자가 수집한 자료와 족보의 기록과 많
   은 차이가 나는 것은 앞으로 조사 연구해야 할 과제라고 생각하고 있다.
6. 구인회 동아일보 승산지국장 자료 : 동아일보 1931년(소화 6년) 3월 30일 신문 기사
7. 승산지국장 업무는 1931년 3월 31일~1931년 10월 15일까지 근무, 1931년 7월 진주에서 구
   인회상점 운영과 3~4개월 중복된다.
8. 이병철의 일본 유학 기간 : 1929년 10월~1931년 9월
   와세다대학 재학 기간 : 1930년 4월~1931년 9월
9. 조홍제의 일본 유학 기간 : 1927년 9월~1935년 4월
   일본 호세이대학 재학 기간 : 1929년 4월~1935년 4월
   이병철과 조홍제가 함께 일본 유학을 갔다는 기록은 사실과 차이가 있다.
10. 이병철의 대구 거주 기간은 회고록을 기준으로 할 때 1938~1947년 이다.
11. 조홍제 효성그룹 회장의 일대기 기록 중 회고록에 누락된 것이 1961년 7월 1일~1967
    년 2월 23일까지 한국기원 이사장을 역임한 것이다.
    조홍제는 1960년 11월 제일제당 사장에 취임하였다. 1961년 5·16 군사정변 때 한국의 주요
    주요 기업인 11명이 마포교도소에 수감되었는데 이때 조홍제도 약 1개월 후 풀려 나왔다.
    그리고 한국기원 이사장직을 맡았다. 조홍제 이사장 후임은 이후락 전 중앙정보부장이다.
12. 구인회 동생 구철회는 구인회상점 시작부터 함께 하였고, 구정회는 1941년 주식회사
    구인상회로 확장시 경영에 참가하였다.
13. 락희화학은 1955년 9월 '럭키' 치약을 상표를 등록하였다.

7) 조홍제의 경남 흔적

함안 생가 ⇩	• 함안군 군북면 1906년 ~ 1921년까지 생활 • 서울, 일본 유학 후 귀국, 1936년~1946년 생활
군북산업 주식회사 터 ⇩	• 일본 법정대학 졸업 후 귀국, 고향에서 인수한 사업장 • 가마니, 도정작업, 새끼, 비료 취급 등 농촌 문화업무 • 1942년~1946년까지 경영
마산 육일공작소 터	• 1946년 8월 조홍제가 마산에 최초(?)로 시작한 사업장 • 철 가공업체로 현재 창원 해양 신도시 앞 • 1946년~1949년까지 경영, 공동 경영자 손녀 생존

8) 구인회의 경남 흔적

구인회 생가 ⇩	• 진주시 지수면 승산리, 1907년~1931년까지 생활(서울유학 1924년~1926년). 1931년 진주 구인상회 개업까지 생활 • 생가 내 모춘당 주련은 구씨 가훈. 구자경의 생가
지수초등학교 ⇩	• 1921년 5월 9일 지수공립보통학교 개교, 문해력을 인정받아 2학년(동기생 52명)으로 입학. 1924년 4월, 1회 졸업생
마을협동조합 터 ⇩	• 1926년~1931년까지 마을협동조합, 동아일보 승산지국 등 마을활동 중심 터. 구인회가 '장사의 법'을 체험한 곳
무라카미 상점 터 ⇩	• 1910년대 후반 지수 승산리에 일본인이 개업한 잡화상점, 당시 지수상권을 독점한 일본인이 운영한 상점 터. • 구인회가 1926년 서울 중앙고등보통학교 2학년 중퇴 후 귀향 일본인 독점상권으로 인한 가격 불합리, 불공정에 맞서 마을협 동조합을 설립하게 동기 부여를 준 상점 터
진주 구인회 상점 터 ⇩	• 최초개점 : 1931년 7월~1932년 12월 진주 식산은행 건너 • 이전상점 : 1932년 12월~1946년 9월(50만원 매각), 중앙시장 내 *식산은행 : 진주시 동성동 29번지 * 2호 진주부 영정 37
진주 수정동, 상봉동 고택 ⇩	• 1935년~1941년 사업안정, 진주 수정동으로 이사, 동생들이 진주에서 학교 다님, 구태회 41년 현 진주중·고교 졸업 • 1942년~1945년 9월, 구자경 등 자녀 합류, 상봉동 고택 사진 존재
봉 알자리 ⇩	• 구인회가 진주 상봉동 거주 시, 영업 종료 후, 휴일 등 가마못, 비봉루와 함께 산책을 다닌 대표적인 곳 • 원준옥과 진주 마루니 화주운송 운송회사(대정정 208번지) 공 동경영
사천 다솔사 삼천포 항구	• 구인회가 진주에서 포목점을 하면서 자주 찾아가 주지 최범술을 만나 교류를 한 곳 • 1940년 하신상업(주) 설립, 삼천포 항구에서 생선구입

9) 이병철의 경남 흔적

이병철 생가 ⇩	• 의령군 정곡면 중교리, 1910년 ~ 1921년 • 1922년~1926년 결혼 전까지 생활함, 결혼 후 분가 • 이건희 회장 1942~1945년 분가한 집과 대구에서 생활(?)
문산정 ⇩	• 병철이 1916년 ~ 1921년까지 한문을 공부한 서당, '문산'은 조부의 호. 회고록에는 5세(1914년)부터 다님(?)
진주 지수 허순구댁 ⇩	• 이병철 둘째 누나(이분시)가 시집간 지수 매형댁, 6개월 생활 • 1922년 3월 ~ 9월, 3학년 1학기 지수공립보통학교 재학 • 이병철 매형 허순구 : 진주에 최초 문성당백화점을 설립 1927~1941년 진주 거주, 대구로 이사 ㈜삼성상회 합류
마산 협동정미소	• 1936년 이병철 최초 사업장, 북마산역 주변 추측 정미소 외 일출자동차 운수업, 경남부동산 경영도 함 • 1938년, 마산에서 사업을 모두 정리하고 대구로 옮김

10) 창업주가 거주한 도시 및 거주 기간

〈이병철〉

기 간	거주 도시	거주 동기	비 고
1910년 2월~1922년 3월	의령 정곡면	출생 및 유년시절	현재의 이병철 생가
1922년 3월~1922년 9월	진주시 지수면 승산리	지수보통학교 재학	지수면 매형(누님)댁 생활
1922년 9월~1929년 10월	서울 종로 혜화	수송보통학교 재학 중동학교 재학	외가댁
1929년 10월~1931년 9월	일본 동경	와세다대학 유학	거주지 자료 부재
1931년 9월~1936년 3월	의령 정곡면	귀국 후 의령에서 생활	결혼 후 분가한 생가 앞 고택
1936년 3월~1938년 3월	마산(현 창원시)	마산 협동정미소 경영	북마산역 인근 추정
1938년 3월~ 1947년 5월	대구시 중구	대구 삼성상회 경영	현재, 대구 중구 고택
1947년 5월 ~	서울	서울에서 사업 추진	종로 혜화동

〈구인회〉

기 간	거주 도시	거주 동기	비 고
1907년 8월~1924년 3월	진주시 지수면 승산리	출생 및 유년시절	현재의 구인회 생가
1924년 4월~1926년 3월	서울	중앙고등보통학교 재학	거주지 자료 부재
1926년 3월~1931년 7월	진주 지수면 승산리	마을협동조합 운영	현재의 구인회 생가
1931년 7월~1935년 3월	진주시	구인회상점 경영	거주지 자료 부재
1935년 3월~1941년 12월	진주시 수정동	구인회상점 경영 일부 가족 합류	진주시 수정동 일본 관사 매입
1942년 1월~1945년 9월	진주시 상봉동	구인회상점 경영 진주 경영인 활동	진주 상봉동 봉 알자리 인접
1945년 9월~	부산 서대신동	조선흥업사 및 락희화학 경영	

〈조홍제〉

기 간	거주 도시	거주 동기	비 고
1906년 5월~1922년 3월	함안군 군북면	출생 및 유년시절	현재의 조홍제 생가
1922년 3월~1927년 8월	서울 종로구	협성실업학교, 중동학교, 중앙고등보통학교 재학	거주지 자료 부재
1927년 9월~1935년 4월	일본 동경	유학 및 일본 법정대학 재학	일본내 단독주택 유학생 사옥
1935년 4월~1946년 7월	함안 군북면	고향에서 군북금융 조합, 군북산업 경영	현재의 조홍제 생가
1946년 8월~1948년 11월	서울 종로구 명륜동	육일공작소 경영 및 서울에서 영업 활동 으로 두 도시 생활	현재 명륜동에 있는 조홍제 기념관
	창원시 마산 합포구 문화동		1951년까지 소유

1) 세 분의 거주 기간 및 거주 도시, 거주 동기는 세 분의 창업주가 작성한 회고록을 중심으로 편집하였음.
2) 회고록 본문 내용과 회고록 연대기가 일치하지 않는 부분은 별도 표기 하였음.
3) 거주 도시의 이름은 편리상 현재의 행정 지명을 적용하였음.

11) 창업주 세 분과 전국경제인연합회장의 인연

- 이병철 삼성그룹 회장 : 전경련 창립, 초대 회장, 1910년생
- 구자경 LG그룹 회장 : 18대 회장, 1925년생
- 조석래 효성그룹 회장 : 31대 ~ 32대 회장, 1935년생
- 허창수 GS그룹 회장 : 33대 ~ 38대 (현)회장, 1948년생

12) 창업주 세분의 경남신문 연재

경남신문 2021년 7월 2일 ~ 10월 29일, 18회, 삼성그룹 이병철 회장

경남신문 2021년 10월 29일 ~ 2022년 2월 4일, 14회, 효성그룹 조홍제 회장

경남신문 2022년 2월 11일 ~ 2022년 7월 22일, 20회, LG그룹 구인회 회장

2. 조홍제 효성그룹 회장, 기록 목차

3. 구인회 LG그룹 회장, 기록 목차

1부. 순간의 선택이 10년을

19회. 구인회의 언론사 경영
1) 부산에서 국제신보(국제신문)의 탄생
2) 구인회의 국제신보 인수
3) 서정귀 국제신보 사장, 백석, 란
4) 진주에서 경남일보의 탄생
5) 구인회의 경남일보 인수
6) 김윤양, 김흥치 부자의 경남일보 복간 추진
7) 마산에서 경남신문의 탄생
8) 이병주 국제신문 주필의 5·16 필화 사건
9) 유한양행 유일한

20회. 정유 사업 진출, 럭키그룹 세계로
1) 새로운 사업을 찾아라
2) 정유 사업 진출 결심
3) 첫 번째 도전, 한국석유화학공업 주식회사
4) 두 번째 도전, 반도석유 주식회사
5) 세 번째 도전, 호남정유 이름으로
6) 부인, 그동안 고생 많이 하였소. 고맙소
7) 이보게, 자네가 이 자리에 앉게

2부. 기억을 기록으로

1. 폐교된 구 지수초등학교 부지를 확보하라
1) 사전 조사
2) 진주, 의령, 함안 관광 관계자와 간담회
3) 경남 교육감에게 구 지수초 매각 보류 요청

2. 지수초등학교의 갈림길
1) LG그룹에 관심 촉구
2) 진주시청에 관심 촉구
3) 각 기관의 매입 어려움
4) 경남개발공사, 진주시청과 LG그룹 중재

3. 지수면 주민단체 매각 보류 진정서 제출
1) 지수면 각종 사회단체 진정서 제출
2) 중단할 수 없는 경남 부자 기 받기 상품 개발

3) 전경련 산하 자유와창의교육원장 의령 방문
4) 생활속의 토정비결

4. 언론에 나타난 지수초등학교
1) 1990년대 언론에 보도된 지수초등학교
2) 2000년대 언론에 보도된 지수초등학교
3) 2010년대 언론에 보도된 지수초등학교
4) 필자와 지수초등학교 인연

5. 필자가 구상한 구 지수초등학교 활용
1) 한국 기업 역사관, 전시관 건립
2) 도서관, 전시관, 호텔, 공연장 등 복합관 건립

4. 참고자료

단행본

1. 구본무, 『LG50년사』, LG, 1997.
2. 구자경, 『오직 이길밖에 없다』, 행림출판, 1992.
3. 국립진주박물관, 『진주상무사』, ㈜사회평론아카데미, 2017.
4. 금성사35년사편찬위원회, 『금성사 35년사』, 금성사, 1993.
5. 권경자, 『유학, 경영에 답하다』, 원앤원북스, 2010.
6. 강준만, 『이건희시대』, 인물과사상사, 2005.
7. 김병하, 『재벌의 형성과 기업가 활동』, 한국능률협회, 1991.
8. 김영태, 『연암구인회, 비전을 이루려면 I』, ㈜LG, 2012.
9. 김영태, 『상남구자경, 비전을 이루려면 II』, ㈜LG, 2012.
10. 김영안, 『삼성처럼 회의하라』, 청년정신, 2004.
11. 김윤정, 『한국 경제의 새벽을 밝힌 민족의 별 조홍제』, 현대출판사, 2007.
12. 김종필, 『소이부답』, 미래엔, 2016.
13. 김정환, 『필묵도정—송천정하건』, 도서출판다운샘, 2014.
14. 김찬웅, 『이병철, 거대한 신화를 꿈꾸다』, 세종미디어, 2010.
15. 김해수, 김진주, 『아버지의 라디오』, 느린걸음, 2007.
16. 김한원외 5인, 『한국경제의 거목들』, 삼우반, 2010.
17. 경상북도청년유도회, 『사서, 대학·논어·맹자·중용』, 디자인판, 2021.
18. 노무현, 『여보 나 좀 도와 줘』, 새터, 2002.
19. 동기이경순전집간행위원회, 『동기 이경순전집』, 자유사상사, 1992.
20. 로보원저·박영종역, 『중국문화에 담긴 중국이야기』, 다락원, 2002.

21. 럭키금성, 『한번 믿으면 모두 맡겨라』, 럭키금성, 1994.
22 럭키40년사편찬위원회, 『럭키40년사』, 럭키금성, 1987.
23. 마크애로슨저·설배환역, 『설탕 세계를 바꾸다』, 검둥소, 2013.
24. 만회기념사업회, 『만회유고 국역본』, 평화당인쇄, 1985.
25. 만우 조홍제 회장 탄신 100주년 기념사업위원회, 『늦되고 어리석을
    지라도』, ㈜에이지 21, 2006.
26. 박시온, 『삼성 이병철처럼』, FKI미디어, 2012.
27. 박상하, 『이병철과의 대화』, 이룸미디어, 2007.
28. 박시온, 『효성 조홍제처럼』, FKI미디어, 2013.
29. 박종세, 『방송, 야구 그리고 나의 삶』, 나우북스, 2004.
30. 박지원, 탁양현 옮김, 『연암 박지원의 열하일기』, 퍼플, 2005
31. 박창희, 『허신구평전』, 부산대학교출판문화원, 2020.
32. 박해림, 『고요 혹은 떨림』, 고요아침, 2004.
33. 스와부고츠저 하동길역, 『마산번창기』, 창원시정연구원, 2021.
34. 상봉동지편찬위원회, 『상봉동지』, 도서출판화인, 2015.
35. 설흔·박현찬, 『연암에게서 글쓰기를 배우다』, 위즈덤하우스, 2007.
36. 소종섭, 『한국을 움직이는 혼맥·금맥』, 시사저널사, 2016.
37. 이건희, 『생각 좀 하며 세상을 보자』, 동아일보사, 1997.
38. 이경윤, 『LG 구인회처럼』, FKI미디어, 2013.
39. 이경식, 『이건희스토리』, 휴먼북스, 2010.
40. 이대환, 『박태준평준』, 아시아, 2016.
41. 이대환, 『세계최고의 철강인 박태준』, ㈜현암사, 2004.
42. 이래호, 『오인보와 화서촌』, 한솜미디어, 2015.
43. 이맹희, 『묻어둔 이야기』, 청산, 1993.
44. 이병철, 『호암자전』, 중앙일보사, 1986.
45. 이병철, 『호암자전』, 나남, 2014.
46. 이병주, 『관부연락선』, 한길사, 2006.
47. 이병주, 『지리산』, 한길사, 2019.
48. 이한구, 『한국재벌형성사』, 비봉출판사, 1999.
49. 이원수, 『이병철 그는 누구인가』, 자유문학사, 1983.
50. 이종환, 『정도』, 관정교육재단, 2008.
51. 이중환 저·이익성 역, 『택리지』, 을유문화사, 1994.
52. 연암기념사업회, 『연암 구인회』, 연암기념사업회, 1979.
53. 야마키 가쓰히코, 『크게 보고 멀리 보라』, 김영사, 2010.
54. 안도현, 『백석평전』, 다산북스, 2014.
55. 유장근, 『마산의 근대사회』, 불휘미디어, 2020.
56. 아시아경제신문, 『창업주 DNA서 찾는다』, ㈜FKI미디어, 2010.

57. 중앙일보사, 『이병철 호암자전』, 중앙일보사, 1986.
58. 중앙일보사, 『재계를 움직이는 사람들』, 중앙일보사, 1996.
59. 진주시, 『진주인물열전』, (더)페이퍼, 2021.
60. 조홍제, 『나의회고—동방명성을 지향하여』, ㈜효성, 2000.
61. 전범성, 『실록소설 이병철』, 서문당, 1985.
62. 전범성, 『조홍제』, 서문당, 1986.
63. 정대율, 『진주』, 경상국립대학교 출판부, 2021.
64. 조동휘, 『갓 쓰고 상도를 걷다』, 매일피앤아이, 2017.
65. 조준상, 『재계의 거목, 호암 이병철』, 소담 출판사, 2007.
66. 조필제, 『사막에 닻을 내리고』, 문지사, 2017.
67. 중앙일보, 『재계를 움직이는 사람들』, 중앙일보사, 1996.
68. 제일모직50년사편찬위원회, 『제일모직 50년사』, 제일모직, 2007.
69. 제일모직10년사편찬위원회, 『제일모직 10년사』, 제일모직, 1967.
70. 최윤경, 『19세기 진주지역 상인조직의 변천과 시장 상인활동』, 진주시, 2017.
71. 최위승, 『최위승회고록 포기는 없다』, 도서출판경남, 2012.
72. 최정미, 『광고로 읽는 한국사회 문화사』, 개마고원, 2004.
73. 최해진, 『경주최부자 500년의 신화』, 뿌리 깊은 나무, 2006.
74. 허권수외, 『함안의 인물과 학문 I 』, 도서출판술이, 2010.
75. 허권수, 『유교문화의 형성과 전개』, 보고사, 2017.
76. 허권수, 『절망의 시대 선비는 무엇을 하는가』, 한길사, 2001.
77. 허권수역, 『증국번 가서』, 도서출판술이, 2005.
78. 허병천·허병하, 『서봉(허순구) 국악보』, 민속원, 2013.
79. 허완구, 『지신정 허준 유고첩』, 예옥출판사, 2008.
80. 허영만, 『만화 꼴』, 위즈덤하우스, 2009.
81. 허정도, 『도시의 얼굴들』, 지앤유, 2018.
82. 하야시히로시게·김성호역, 『미나카이 백화점』, 논형, 2007.
83. 하정옥, 『듣다, 상상하다, 금성라디오 A-501 연구』, 대한민국역사박물관, 2020.
84. 호암재단, 『기업은 사람이다』, 을지서적, 1998.
85. 효성그룹창업주 만우 조홍제 회장 추모위원회, 『여보게 조금 늦으면 어떤가』, ㈜북 21, 2003.
86. 황준헌저·김승일역, 『조선책략』, 범우사, 2016.
87. 홍화상, 『이병철 경영대전』, 바다출판사, 2004.
88. 황경규, 『스토리오브 진주』, 사람과나무, 2020.
89. LG50년사편찬위원회, 『LG50년사』, LG, 1997.
90. LG화학50년사편찬위원회, 『LG화학 50년사』, LG화학, 1997.

언론사

1. 국제신문 www.kookje.co.kr
2. 경남신문 www.kmmews.co.kr
3. 경남일보 www.gnnews.co.kr
4. 경남도민일보 www.idomin.com
5. 동아일보 www.donga.com
6. 매일경제 www.mk.co.kr
7. 부산일보 www.busan.com
8. 서울신문 www.seoul.co.kr
9. 세계일보 www.segye.com
10. 연합뉴스 www.yna.co.kr
11. 월간조선 monthly.chosun.com
12. 중앙일보 www. joongang.co.kr
13. 조선일보 www.chosun.com
14. 헤럴드경제 biz.heraldcorp.com
15. JTBC jtbc.co.kr
16. KBS www.kbs.co.kr
17. MBC www.imbc.com

인터넷 검색

1. 국가기록원 www.archives.go.kr
2. 경남문화원 gnculture.gnu.ac.kr
3. 경상대학교남명학연구소 nammyung.gnu.ac.kr
4. 대구중구청 www.jung.daegu.kr
5. 대한상공회의소 www.korcham.net
6. 한민국역사박물관 www.much.qo.kr
7. 마산문화원 masan.kccf.or.kr
8. 부산대한국민족연구소 pncc.pusan.ac.kr
9. 벽산그룹 www.byucksan.com
10. 성균관대학교 www.skku.edu
11. 삼성생명 www.samsunglife.com
12. 삼성전자 www.samsung.com
13. 삼양통상 www.samyangts.com
14. 삼성문화재단 www.samsungfoundation.org
15. 삼성물산 www.samsungcnt.com
16. 서울중앙고등학교 choongang.sen.hs.kr
17. 의령군청 www.uiryeong.go.kr

18. 의령군정곡면사무소 www.uiryeong.go.kr
19. 의령정곡초등학교 jeonggok-p.gne.go.kr
20. 이병주문학관 www.narim.or.kr
21. 영남대학교 www.yu.ac.kr
22. 일본와세다대학 www.waseda.jp
23. 일본법정대학(호세이) www.hosei.ac.jp
24. 전국경제인연합회 www.fki.or.kr
25. 진주개천예술제 www.gaecheonart.com
26. 진주상공회의소 jinju.korcham.net
27. 진주시청 www.jinju.go.kr
28. 진주지수면사무소 www.jinju.go.kr
29. 진주지수초등학교 jisu-p.gne.go.kr
30. 진주중학교 jinju-m.gne.go.kr
31. 진주고등학교 jinju-h.gne.go.kr
32. 진주교육대학교 www.cue.ac.kr
33. 창원상공회의소 changwoncci.korcham.net
34. 코레일한국철도공사 info.korail.com
35. 풍국면 www.poongkukmeyon.co.kr
36. 호암재단 www.hoamfoundation.org
37. 효성그룹 www.hyosung.co.kr
38. 한국기원 www.baduk.or.kr
39. 한국역사정보통합시스템 www.koreanhistory.or.kr
40. 한국역대인물종합정보시스템 people.aks.ac.kr
41. 한국은행 www.bok.or.kr
42. 한국타이어 www.hankooktire.com
43. 한국학자료센터 kostma.aks.ac.kr
44. 한국학중앙연구원 www.aks.ac.kr
45. 함안군청 www.haman.go.kr
46. 함안군군북면사무소 www.haman.go.kr
47. 함안군북초등학교 gunbuk-p.gne.go.kr
48. CJ제일제당 www.cj.co.kr
49. GS그룹 www.gs.co.kr
50. LG그룹 www.lg.co.kr
51. LG공익재단 foundation.lg.or.kr
52. LG경제연구원 www.lgeri.com
53. LG생활건강 www.lghnh.com
54. LX인터내셔널 (LG상사) www.lgicorp.com
55. LG화학 www.lgchem.com

논문

1. 김영주, 「만회 구연호의 생애와 문학」, 남명학연구소, 2017.
2. 강정화, 「승산마을 허씨가의 의장과 그 활동」, 남명학연구소 , 2017.
3. 박용국, 「진주 승산리의 역사변천」, 남명학연구소, 2017.
4. 박유영, 「한국재벌의 성장 발전요인에 관한 연구」, 한국경영사학회 16권, 1997.
5. 손용석, 「LG그룹 구인회 창업 회장의 기업가정신과 기업 경영」, 국제·경영
    연구 15집, 2009년.
6. 이동복, 「서봉 허순구 국악보 해제」, 민속원, 2013.
7. 이숙희, 「서봉 허순구의 생애와 풍류」, 한국정가진흥회 학술회의, 2013.
8. 유병육, 「LG그룹의 한국경영사학에서의 위치」, 한국경영사학회, 2000.
9. 양정원, 「귀속재산불하를 통한 1950년대 한국산업자본가의 형성에 관한
    연구」, 이화여자대학교대학원, 1996.
10. 이민재·김명숙·정진섭, 「기업가 정신과 공유가치 창출에 관한 사례연구」,
    한국전문경영인학회 제19권 제2호, 2016.
11. 윤호진, 「서천 조정규의 삶과 시세계」, 함안군, 2005.
12. 오두환, 「삼성재벌의 형성 및 구조에 관한 연구(1945~1960)」, 인하대학교 경
    제학과 석사논문, 1989.
13. 원창애, 「승산마을 능성구씨 문중의 인물과 전개」, 남명학연구소, 2017.
14. 허권수, 「승산리 김해허씨 문중의 인물」, 남명학연구소, 2017.
15. 허권수, 「함안의 인물과 학문적 전통」, 함안군, 2005.
16. 한국경영사학회, 「연암구인회와 상남 구자경이 생애와 경영이념」, 경영사
    학 제15집 제1호 통권 22호 2000.5.31.

기타

1. 진주시정 촉석루 2022년 7월호
2. 경상남도 경남 공감 2022년 9월호
3. 의령군지, 함안군지, 진양지
4. 해석 논어, 동문선습, 천자문, 백가성
5. 인터넷 조선기업요람
6. 김해허씨 승산 대종중 문헌
7. 대한상공회의소 전국 주요 기업체 명감
8. 월간조선 1984년 3월호
9. 월간조선 2002년 2월호
10. 의령문화원 우리 고장 땅이름 2002
11. 지수초등학교 동창회 방어산
12. 진양지
13. 중외일보
14. 허정구, 허학구 편저. 효주가장(曉州家狀). 2010년 발행.

5. 후기

1) 아목

2020년 1월부터 시작된 코로나19로 인해 작은 법인을 운영하는 필자는 할 수 있는 것이 없었다. 약 3년간 독서와 기록, 일상의 쳇바퀴에서 이탈하지 못하였다.

부끄러운 작은 결실이 몇 개 있다.

중국어 고급과정을 획득하고 정부 기관에서 발행하는 관광통역안내사 자격증을 취득하였다.

가족은 필자를 '지하철 시인'이라고 부른다. '나 때는 말이야, 지하철은' 제목의 시가 공모작에 당선되어 1호선 청량리역, 2호선 홍대 입구, 4호선 서울역, 5호선 동대문 역사문화공원역, 8호선 강동구청역 승강장 5곳에 지난 2년간 게시되었다.

독서를 통해 역사학자 박병선을 알고, 사서의 매력에 빠져 전문 교육기관에서 6개월간 공부를 하였다. 책과 기록의 중요성을 알게 된 소중한 결실 중 하나이다.

2) 도기

언론 매체 속에 이병철, 구인회, 조홍제 세 분의 창업주에 관한 뉴스가 있었는데, 그 내용에 의문이 생겼다.

2014년, 세 분의 창업주 고택을 활용한 재물 기운을 주는 '부자 기(氣) 받기'를 관광 상품으로 기획하여 중국 서안과 정주시에 홍보한 경험이 있어 접근이 쉽게 되었다.

창업주 세 분과 관련된 각종 관계 자료를 펼쳐보니 언론과 인터넷에 알려진 내용과 차이점이 있었다.

작은 호기심으로 시작된 관심이 이렇게 일을 크게 벌여 놓을 줄이야 미처 몰랐다. '기억을 기록으로, 흔적을 유산으로' 거창하게 과제를 선정하고 기록물을, 증언자를, 흔적을 찾기 위해 경남 곳곳은 물론 전국을 다녔다.

3) 개공

원고지 2,000매 분량을 정리하여 창원에 본사가 있는 경남신문에 2021년 7월부터 2022년 7월까지 총 54편을 연재하였다. 이병철 18회, 조홍제 14회, 구인회 20회, 후기 2편으로 매주 금요일 한 개 지면을 배정받아 1년간 연재하였다. "대단하다, 수고 많았다, 좋은 일 하였다, 정말 뜻있는 연구를 하였다"는 지인의 격려와 인사말을 들었다.

2022년 3월, 진주에 있는 구 지수초등학교는 중소벤처진흥공단에서 리모델링하여 K-기업가정신센터로 거듭났다. 센터에서 실시하는 기업가 정신 강의에 20회 이상 초대되어 창업주 세 분에 대한 삶을 기록에 근거하여 강의를 하였다.

4) 경감

지면을 빌려 "감사합니다", "고맙습니다"로 인사를 드려야 할 분이 있다.

허권수 전 경상국립대학교 한문학과 교수님께서는 필자의 기록 작업에 관련된 생존하고 계시는 많은 분들을 소개하여 주셨다. 이병철 생가의 주련 23개의 해석 구명까지 세세하게 해 주셨다.

안병석 세무사님은 가지고 있는 기록을 많은 분들이 읽을 수 있도록 출판의 동기를 만들어 주셨다.

많은 분들이 육성 증언, 자료 제공, 현장 설명 등을 도와주셨다. 그분들이 한 줄 한 줄 알려준 자료가 모여 이 책이 되었다. 100명이 넘어 지면의 부족으로 이름을 남기지 못함에 양해를 구하고자 한다.

그러나 지면을 초월하는 감사 인사를 기록으로 남기고 싶은 한 분이 계신다.

이병철 회장 매형인 허순구의 차남 허병천님 이시다. 참 많은 내용을 알려 주셨고 자료도 보내주셨다. 필자는 허순구의 진주 고택이자 허병천의 진주 생가를 찾아드렸다. 고향 진주에 한 번 들러주시길 말씀드렸다. 구순에 가까운 연세라 건강상 오지 못한다 하시니 너무 아쉽다. 원로 하신 아버지를 대신해 도움을 주신 허병천의 장남 허창영 님에게도 감사하다는 인사를 남긴다.

5) 가조

신문 연재에 사용된 몇몇 사진에 등장하는 여성이 있다. 아내이다.

기록을 위하여 흔적을 찾아다닐 때 동행하였다.

신문기자 출신으로 연재하려는 글의 방향을 잘 정리해 주었다.

연재물 중 일부는 50년이 지난 오래된 이야기라 글의 내용에 맞는 사진 구하기가 무척 힘이 들었다. 그래픽으로 처리한 것이 몇 건 있다. 변호사로 일하는 딸이 신문 연재 내용에 맞게 삽화 초안을 그려 주었다.

기록과 흔적을 찾아다니는 동안 가정에 너무 소홀하였다.

'임자·딸, 고맙소' 6자를 남기고 싶다.

6) 용조

앞으로 이 책은 창업주 세 분에 대해 연구하려는 이에게 잘 활용되었으면 좋겠다. 그런 이유로 연, 월 등 기록을 세세하게 남겼다.

세 분의 창업주를 같은 공간, 같은 시간의 한 영역에 넣어 기록을 정리하려고 하니 어려움이 많았다. 그래서 작은 제목으로 구분하였고 내용은 연결되게 구성되어 조금은 혼란스러움도 있다.

창업주와 관련된 현장을 찾아다니면서 수집한 자료와 생존하고 계시는 분의 기억을 바탕으로 기록한 것이기에 신뢰성은 높다고 스스로 생각하고 있다.

7) 용서

신문에 연재된 후 오류를 찾아 수정한 내용도 있다. 누군가 이 책을 읽고 필자의 해석과 사실 관계의 오류가 나오면 바로 잡아주었으면 한다. 혹은 독자가 알고 있는 기록과 자료가 있다면 더 보완되기를 기대하고 있다.

세 분의 창업주 기록을 한권으로 묶으니 분량이 많고, 책의 차례도 나이 순서, 기업과 이름의 가나다 순서, 기업규모 순서 등 어떻게 할지 고민도 있었다.

결국 3권으로 분리하였는데 각각 한권의 책이 되기까지 분량이 문제였다. 본문 1부에 필자와 연결되는 이야기 첨가, 2부는 필자도 관련 있는 지수초등학교, 솥바위, 기 받기 관광상품 내용을 첨가하여 분량을 늘렸다. 부끄러움을 가지고 있다. 마음으로 죄송함도 가지고 있다.

8) 맺음

2020년 2월, 코로나로 인해 사회가 혼란이 시작되었다. 3년이 지난 2023년 2월, 코로나도 진정되고 사회도 사람도 안정이 되어가고 있다.

부자 기 받기, 창업주 이야기도 2020년 2월에 시작하여 2023년 2월에 출판이 되었으니 3년이 소요되었다. 이 졸저가 나오기까지 필자의 하루는 29시였다. 하루가 짧아서 잠자는 5시간도 꿈속에서 자료를 정리하고 기록을 하였다.

이 책은 탈고하지 못한 기록이자 자료이다. 독자의 비판과 아울러 새로운 기록과 자료를 기다리며 erhoo@hanmail.net를 남긴다.